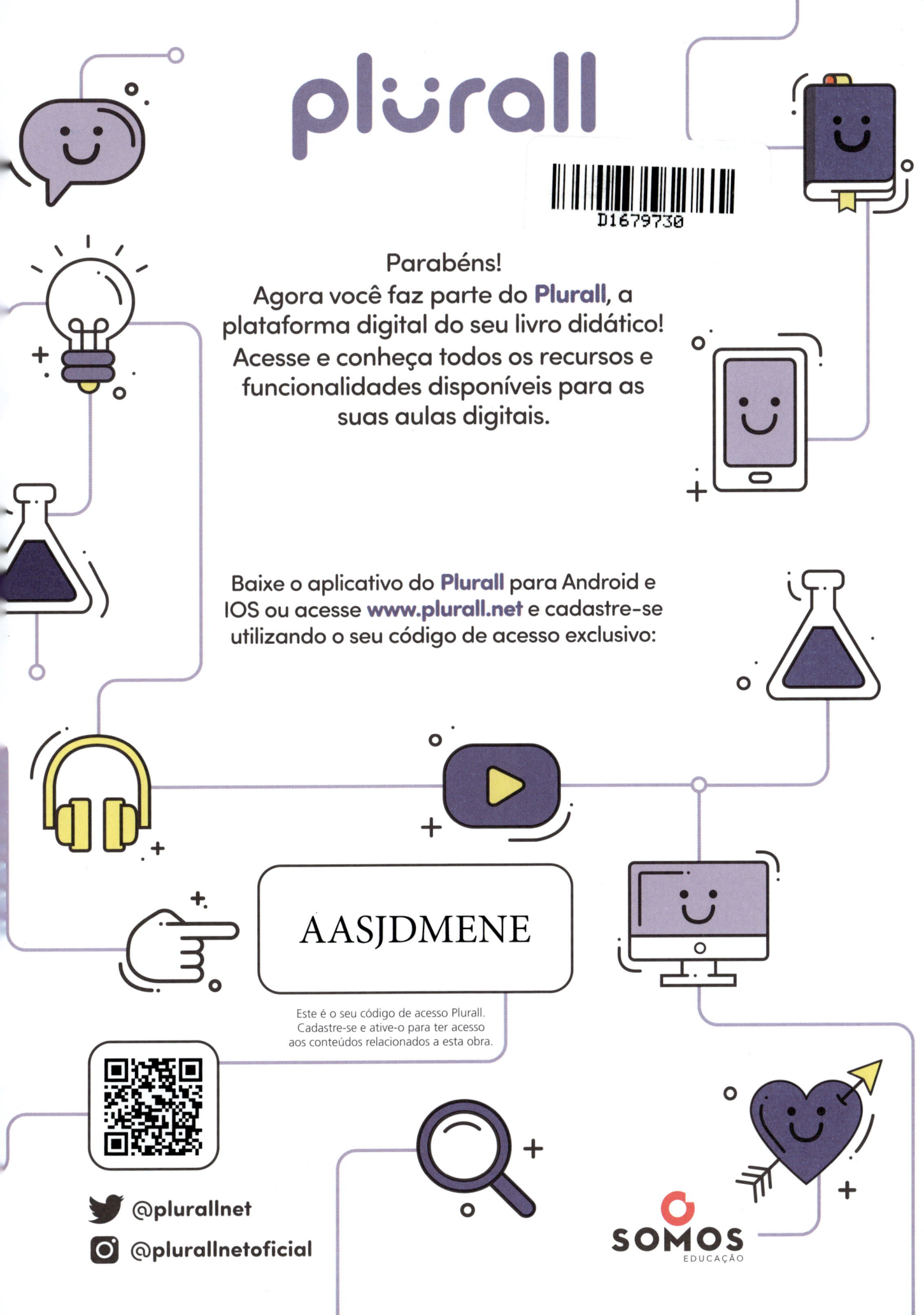

DE ACORDO COM A
BNCC

WILLIAM CEREJA
CILEY CLETO

INTERPRETAÇÃO DE TEXTOS
Desenvolvendo a competência leitora

WILLIAM CEREJA
Professor graduado em Português e Linguística e licenciado em Português pela Universidade de São Paulo
Mestre em Teoria Literária pela Universidade de São Paulo
Doutor em Linguística Aplicada e Análise do Discurso pela PUC-SP

CILEY CLETO
Professora graduada e licenciada em Português pela Universidade de São Paulo
Mestra em Linguística e Semiótica pela Universidade de São Paulo

Presidência: Mario Ghio Júnior
Vice-presidência de educação digital: Camila Montero Vaz Cardoso
Direção editorial: Lidiane Vivaldini Olo
**Gerência de conteúdo e design educacional –
Soluções completas:** Viviane Carpegiani
Edição: Fernanda Vilany, Mônica Rodrigues de Lima e Paula Junqueira
Preparação de texto: Noé G. Ribeiro
Planejamento e controle de produção: Flávio Matuguma (ger.), Juliana Batista (coord.), Vivian Mendes e Suelen Ramos (analistas)
Revisão: Letícia Pieroni (coord.), Aline Cristina Vieira, Anna Clara Razvickas, Brenda T. M. Morais, Carla Bertinato, Daniela Lima, Danielle Modesto, Diego Carbone, Kátia S. Lopes Godoi, Lilian M. Kumai, Malvina Tomáz, Marília H. Lima, Paula Rubia Baltazar, Paula Teixeira, Raquel A. Taveira, Ricardo Miyake, Shirley Figueiredo Ayres, Tayra Alfonso e Thaise Rodrigues
Arte: Fernanda Costa da Silva (ger.), Catherine Saori Ishihara (coord.), Claudemir Camargo Barbosa (edição de arte)
Diagramação: Ilê Comunicação
Iconografia e tratamento de imagem: Roberta Bento (ger.), Claudia Bertolazzi (coord.), Cristina Akisino (pesquisa iconográfica) e Fernanda Crevin (tratamento de imagens)
Licenciamento de conteúdos de terceiros: Roberta Bento (ger.), Jenis Oh (coord.), Liliane Rodrigues, Flávia Zambon e Raísa Maris Reina (analistas de licenciamento), Cristina Akisino
Ilustrações: Jean Galvão
Cartografia: Eric Fuzii (coord.) e Robson Rosendo da Rocha
Design: Erik Taketa (coord.) e Talita Guedes da Silva (proj. gráfico e capa)
Foto de capa: Chairat Natesawai/EyeEm/Getty Images; © Armandinho, de Alexandre Beck/Acervo do cartunista; M.C. Escher's "Três Mundos" © 2020 The M.C. Escher Company - The Netherlands. All rights reserved. www.mcescher.com

Todos os direitos reservados por Somos Sistemas de Ensino S.A.
Avenida Paulista, 901, 6º andar – Bela Vista
São Paulo – SP – CEP 01310-200
http://www.somoseducacao.com.br

Dados Internacionais de Catalogação na Publicação (CIP)

```
Cereja, William Roberto
    Interpretação de textos : desenvolvendo a competência
leitora, 6º a 9º ano / William Roberto Cereja, Ciley Cleto.
-- 3. ed. -- São Paulo: Atual, 2021.
    (Interpretação de textos ; vol. 6 ao 9)



1. Língua portuguesa (Ensino fundamental) 2. Língua
portuguesa (Ensino fundamental) I. Título II. Cleto, Ciley

20-4495                                          CDD 372.6
```

Angélica Ilacqua - CRB-8/7057

2021
2ª edição
1ª impressão
De acordo com a BNCC.

Impressão e acabamento - Gráfica Elyon

Uma publicação

Apresentação

Prezado estudante

No mundo em que vivemos, o texto perpassa cada uma de nossas atividades, individuais e coletivas. Verbais, não verbais ou mistos, os textos se cruzam, se completam e se modificam incessantemente, acompanhando o movimento de transformação do ser humano e suas formas de organização social.

É por meio de textos que convivemos com outras pessoas, próximas ou distantes, informando ou informando-nos, esclarecendo ou defendendo nossos pontos de vista, alterando a opinião de nossos interlocutores ou sendo modificados pela opinião deles. Por intermédio dos textos, inventamos histórias, relatamos nosso cotidiano, transmitimos nossos conhecimentos. É pelo texto que se expressa toda forma de opinião, de informação e nossa visão de mundo.

Mas não basta produzir ou receber textos. Neste mundo de diferentes linguagens e mídias, é preciso compreendê-los, relacioná-los, interpretá-los. A interpretação desses textos é essencial para nos tornarmos leitores competentes e nos inserirmos nas inúmeras práticas sociais de linguagem, seja navegando na internet, seja lendo um artigo científico ou uma história em quadrinhos, seja lendo gráficos, infográficos e tabelas.

Esta obra foi escrita com este objetivo: ajudá-lo a construir e desenvolver sua competência leitora e levá-lo a enfrentar com tranquilidade os desafios que se apresentam em sua vida escolar, preparando-o para leituras em diferentes disciplinas e, posteriormente, para exames oficiais, como a Prova Brasil, o Enem e os vestibulares.

Por meio de textos da atualidade, de diferentes gêneros e linguagens, você desenvolverá sua competência leitora, apropriando-se de diversas operações, como fazer inferências em um texto, comparar textos, relacionar um texto verbal e outro não verbal, estabelecer relações de causa e consequência, reconhecer a ideia principal e as ideias secundárias de um texto, perceber efeitos de ironia e humor, o uso de recursos expressivos da linguagem, etc.

Enfim, este livro foi elaborado para você, que está se preparando para enfrentar novos desafios, está sintonizado com a realidade do século XXI, é dinâmico, interessado e ávido por ler e interpretar todos os textos do mundo!

Sumário

CAPÍTULO 1

A NATUREZA EM FOCO 6
Mural, Kobra 6
Texto e intertexto 9
América Latina é região mais atingida pelos maiores focos de desmatamento, Correio Braziliense 9
Palavras em contexto 13
Exercícios.. 14

CAPÍTULO 2

DO DISCURSO AMOROSO AO DISCURSO DE ÓDIO 20
Lira do amor romântico, Carlos Drummond de Andrade..... 20
Palavras em contexto 27
Texto e intertexto................................ 28
Cartum, Quino...................................... 28
Exercícios.. 32

CAPÍTULO 3

O CÉU E O INFERNO DAS REDES SOCIAIS... 38
O lado bom das redes sociais, Mariana Mandelli................................ 38
Palavras em contexto 41
Texto e intertexto................................ 42
Política e redes sociais, Murillo de Aragão... 42
Exercícios.. 45

CAPÍTULO 4

BRASIL DESIGUAL 52
Trecho do livro *Ideias para adiar o fim do mundo*, Ailton Krenak.......... 52
Palavras em contexto 56
Texto e intertexto................................ 57
Programa de índio, Antonio Prata................................... 57
Exercícios.. 61

CAPÍTULO 5

CONSUMO CONSCIENTE 68
Impulsionado pela pandemia, consumo consciente ganha espaço, Veja.................................... 68
Palavras em contexto 73
Texto e intertexto................................ 73
Geração Z e o consumo, Interativa... 73
Exercícios.. 78

CAPÍTULO 6

FACES DO AMOR 84

Amor, o interminável aprendizado, Affonso Romano de Sant'Anna 84
Palavras em contexto 89
Texto e intertexto 90
Eros e Psiquê, Antonio Canova 90
O beijo, Auguste Rodin 90
O beijo, Klimt 91
Explosão de amor, Kobra 91
Exercícios 94

CAPÍTULO 7

QUESTÃO DE ÉTICA! 100

"Foi sem querer, querendo?", Mario Sergio Cortella 100
Palavras em contexto 104
Texto e intertexto 105
Lua nua, Leilah Assunção 105
Exercícios 112

CAPÍTULO 8

O QUE É SER JOVEM? 118

Ser jovem, Artur da Távola 118
Palavras em contexto 123
Texto e intertexto 124
O adolescente que se enfeia, Contardo Calligaris 124
Exercícios 126

CAPÍTULO 9

ALTERIDADE 136

"Nosotros", Mario Sergio Cortella 136
Palavras em contexto 141
Texto e intertexto 142
O menino e o homem, Fernando Sabino 142
Exercícios 145

CAPÍTULO 10

AS MÁSCARAS E O JOGO SOCIAL 150

Poema em linha reta, Fernando Pessoa 150
Palavras em contexto 155
Texto e intertexto 156
Cartum, Quino 156
Exercícios 158

BIBLIOGRAFIA 168

Capítulo 1

A natureza em foco

Cenas de incêndios em matas e florestas brasileiras tornaram-se comuns nos noticiários de rádio e televisão. Como está o nosso país em relação ao meio ambiente? Com tantos quilômetros quadrados de florestas, precisamos nos preocupar?

Observe este mural, do artista plástico e muralista Kobra, produzido em 2011:

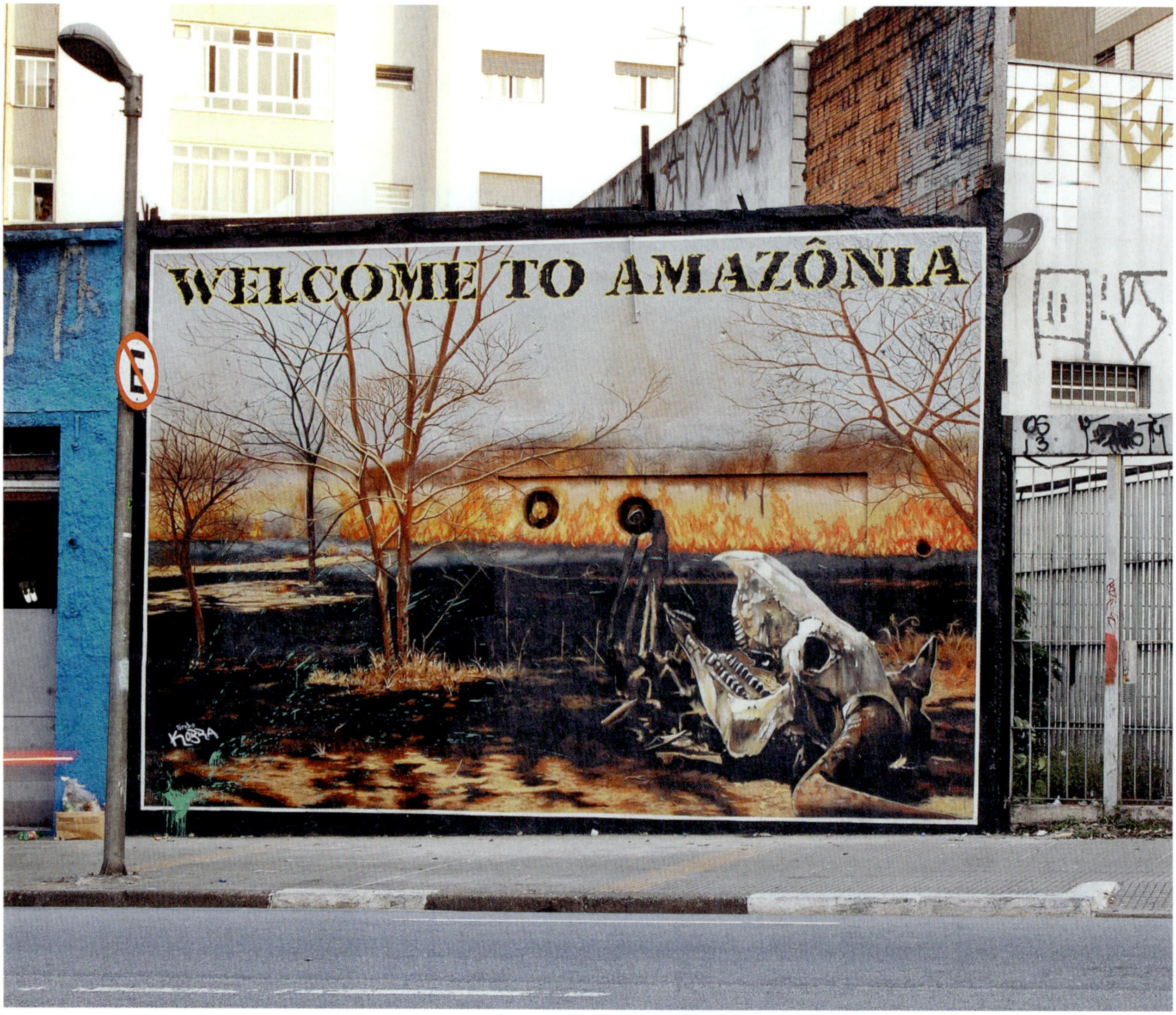

1. O mural de Kobra integra o projeto GrennPincel. Observe o lugar em que o mural está instalado.

    a) Como é esse lugar?

    _____
    _____
    _____

    b) Há algum vestígio natural nesse lugar?

    _____
    _____

2. Agora, observe o mural.

    a) O que ele retrata?

    _____
    _____

    b) Levante hipóteses: Que lugar pode ser esse? Justifique sua resposta.

    _____
    _____

    c) O que se vê ao fundo?

    _____
    _____

    d) Qual é a origem do tom cinzento no céu?

    _____
    _____

3. Repare na figura que aparece em primeiro plano no painel.

    a) O que é essa figura?

    _____

    b) Que relação essa figura tem com o tema central do mural?

    _____
    _____

    c) O que a expressão dessa figura sugere em relação à morte do animal?

    _____
    _____

Capítulo 1

4. Na parte superior do mural, lemos a frase, em inglês, "Welcome to Amazônia" (Bem-vindo à Amazônia).

   a) Que expectativa uma frase como essa cria?

   b) Que efeito tem, no mural, esse título em relação à imagem do incêndio?

5. Leia uma frase dita pelo artista plástico Kobra:

   > "Todas as tragédias naturais que têm acontecido em nosso planeta mostram que proteger os animais e a natureza como um todo é também uma forma de protegermos o ser humano."
   >
   > (Disponível em: https://nelsontembra.wordpress.com/2011/07/16/com-os-murais-welcome-to-amazonia-e-c02-eduardo-kobra-provoca-incomodo-e-inquietacao/. Acesso em: 18/3/2021.)

   Com base em seus conhecimentos prévios, responda: O que o artista chama de "tragédias naturais"?

6. O mural de Kobra foi instalado na avenida Rebouças, em São Paulo, uma das mais importantes e movimentadas da cidade. Considerando esse dado, responda: Que papel cumpre o mural de Kobra nesse contexto?

Texto e intertexto

Leia o texto.

América Latina é região mais atingida pelos maiores focos de desmatamento

Os 24 principais focos de desmatamento no mundo provocaram a perda de uma superfície equivalente ao tamanho do Paraguai em menos de uma década, aponta um relatório do Fundo Mundial para a Natureza (WWF), o qual destaca que essas frentes se concentram principalmente na América Latina.

As frentes concentram mais da metade do desmatamento tropical mundial (52%), com um total de 43 milhões de hectares perdidos entre 2004 e 2017, aponta o documento, com divulgação nesta quarta-feira. A degradação se deve principalmente à expansão dos territórios destinados à agricultura e pecuária, mas também a outras causas, como a construção de estradas, a mineração e os incêndios florestais.

Nove dos 24 focos estão na América Latina, oito na África e sete na região Ásia-Oceania, segundo o WWF, que incluiu novas regiões em relação à lista de 2015, como a Amazônia da Venezuela e Guiana e a Floresta Maia do México e da Guatemala. As áreas mais afetadas pelo desmatamento estão na Amazônia e no cerrado brasileiros, na Amazônia boliviana, em Paraguai, Argentina, Madagascar e nas ilhas asiáticas de Sumatra e Bornéu.

O cerrado brasileiro, por exemplo, perdeu 7.340 km² de florestas entre agosto de 2019 e julho de 2020, um valor 13% superior ao ano anterior. A região, que abriga 5% das espécies animais e vegetais do planeta, é especialmente vulnerável. Um terço (32,8%) da área florestal remanescente e que se encontra na frente de desmatamento analisada pelo estudo do WWF foi perdida entre 2004 e 2017, principalmente para a produção de gado e soja.

O WWF indica, paralelamente, que a extração de ouro é uma das principais causas do desmatamento na região amazônica do Planalto das Guianas, entre o leste da Venezuela e o norte do Brasil, e que a "frente Venezuela-Guiana" sofreu uma perda de 200 mil hectares entre 2004 e 2017.

Desmatamento e zoonose

Um total de 45% das florestas ainda de pé sofreram fragmentação ou degradação, o que as torna mais vulneráveis a incêndios e choques climáticos e mais permeáveis à atividade humana, por terem um acesso mais fácil. O WWF lembra, ainda, o efeito devastador dos incêndios de 2019, que se multiplicaram pela Amazônia brasileira e por Bolívia, Indonésia e Austrália.

As florestas tropicais são poços de carbono essenciais, uma vez que armazenam sete vezes mais do que o total emitido pela atividade humana anualmente. Por sua vez, abrigam grande parte da biodiversidade mundial, e sua degradação multiplica os contatos entre o homem e o mundo animal, favorecendo zoonoses, como a Covid-19.

O Fundo aponta governos e empresas como responsáveis por esse flagelo, mas também se dirige aos cidadãos de todo o mundo, para pedir aos mesmos que limitem o consumo de proteína animal, a fim de reduzir a pressão sobre as florestas, e que exijam das autoridades medidas concretas.

O WWF pede que a Comissão Europeia aprove este ano uma legislação "ambiciosa", que garanta um mercado europeu sem produtos ligados ao desmatamento, lembrando a consulta pública feita no mês passado, #Together4Forests, em que mais de 1 milhão de cidadãos se mostraram partidários dessa iniciativa.

Segundo dados da Comissão citados pelo Fundo, o consumo na União Europeia é responsável por mais de 10% do desmatamento mundial, devido à demanda de produtos como carne bovina, soja, café, cacau e óleo de palma.

(Disponível em: https://www.correiobraziliense.com.br/mundo/2021/01/4900581-america-latina-e-regiao-mais-atingida-pelos-maiores-focos-de-desmatamento.html. Acesso em: 19/3/2021.)

1 Segundo o relatório do Fundo Mundial para a Natureza (WWF), apenas 24 dos principais focos de desmatamento no mundo provocaram a perda de uma superfície equivalente ao tamanho do Paraguai.

a) O relatório abrange que período de observação?
_____
_____
_____

b) Quais são as principais causas desses focos?
_____
_____
_____
_____
_____
_____

c) Desses focos, quantos estão situados na América Latina?
_____

d) Dos focos situados na América, quantos se situam no Brasil? Quais são eles?
_____
_____

2 Associe as regiões brasileiras às principais causas do desmatamento:

(   ) Floresta Amazônica   (1) incêndios florestais

(   ) Planalto das Guianas   (2) construção de estradas

(   ) Cerrado   (3) criação de gado

                                     (4) plantio de soja

                                     (5) extração de ouro

3 Quais são as consequências das queimadas para a natureza?
_____
_____
_____
_____

4 Segundo o texto, florestas que sofreram algum tipo de degradação, seja por desmatamento, seja por incêndios, tornam-se mais vulneráveis a incêndios, choques climáticos e à atividade humana. Explique por quê.

_____
_____
_____

5 Segundo dados da Comissão citados pelo WWF, o consumo na União Europeia é responsável por mais de 10% do desmatamento mundial.

a) Qual é a relação entre esse consumo e o desmatamento?

_____
_____

b) Quais são os produtos importados pela União Europeia?

_____
_____

c) Que tipo de ação o WWF tem desenvolvido a fim de conter o desmatamento?

_____
_____
_____

6 O WWF aponta governos e empresas como responsáveis pelo desmatamento das florestas.

a) Além de governos e empresas, quem é responsável por esse flagelo da natureza?

_____
_____
_____

b) Qual é a proposta do WWF para frear ou reduzir o desmatamento florestal?

_____
_____
_____

7 Compare o mural do artista plástico Kobra com o texto jornalístico "América Latina é região mais atingida pelos maiores focos de desmatamento".

a) O que há em comum entre eles?

_____
_____

b) O que há de diferente entre eles?

_____
_____
_____
_____
_____

Palavras em contexto

1 Observe a frase:

> "A **degradação** se deve principalmente à expansão dos territórios destinados à agricultura e pecuária, [...]"

Que outra expressão, mencionada anteriormente no texto, a palavra **degradação** substitui?

_____
_____

2 Segundo o texto, o WWF pede que a Comissão Europeia aprove em 2021 uma legislação "ambiciosa" e cita uma consulta pública já feita nas redes sociais, que alcançou 1 milhão de assinaturas.

a) Por que a palavra foi escrita entre aspas?

_____
_____
_____

b) Com que finalidade a campanha se valeu da ferramenta **#** (*hashtag*)?

_____
_____
_____

Exercícios

Leia os gráficos a seguir e responda às questões 1 a 3.

Gráfico 1

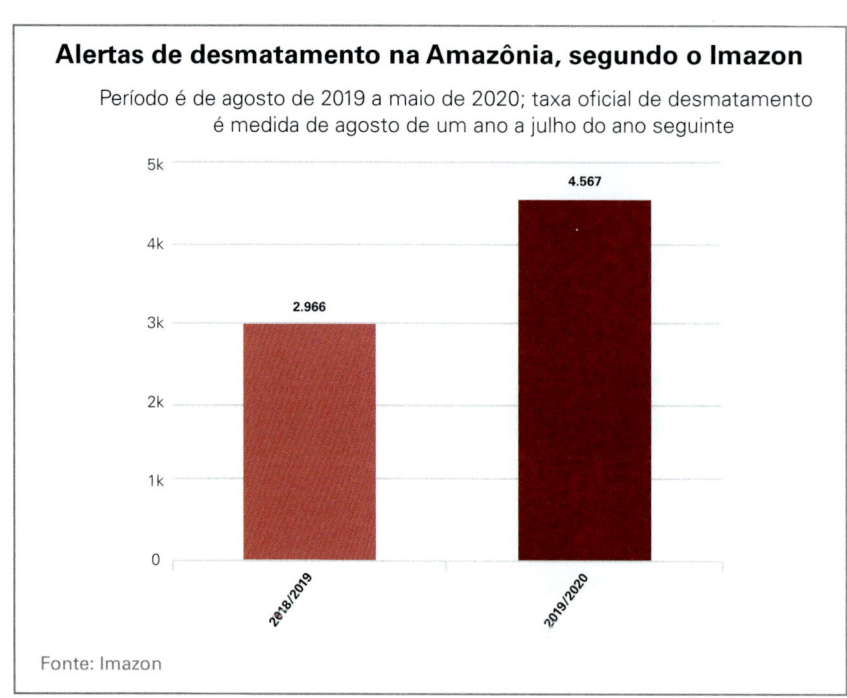

Gráfico 2

(Disponível em: https://g1.globo.com/natureza/noticia/2020/06/16/instituto-aponta-aumento-de-54percent-em-alertas-de-desmatamento-na-amazonia-nos-ultimos-dez-meses.ghtml. Acesso em: 19/3/2021.)

1. Segundo o gráfico 1, o período analisado de alertas de desmatamento é de:

   a) agosto de 2019 a agosto de 2020.

   b) agosto de 2019 a maio de 2020.

   c) maio de 2019 a agosto de 2020.

   d) maio de 2019 a maio de 2020.

2. Os registros apontados entre 2019 e 2020 mostram, oficialmente, em quilômetros quadrados de desmatamento, um aumento de:

   a) 2 966 km².

   b) 4 567 km².

   c) 1 601 km².

   d) 2 419 km².

3. Entre os Estados brasileiros que integram a Amazônia, o Imazon destaca maior registro:

   a) do Amazonas, que concentra 25% de alertas do período.

   b) do Acre, que concentra 4% de alertas do período.

   c) do Pará, que concentra 40% de alertas do período.

   d) do Mato Grosso, que concentra 19% de alertas do período.

Leia a entrevista a seguir e responda às questões 4 a 8.

"O planeta é vulnerável", diz o naturalista David Attenborough

Maior estrela mundial dos documentários sobre a natureza, o inglês de 94 anos diz que o Brasil lucraria mais se preservasse a Amazônia

Em *A Perfect Planet* (BBC One), que deve estrear no Brasil este ano, o senhor inclui a ação do homem entre os fatores que causam transformações no planeta. Qual a importância de entender esse impacto? Creio que a maior parte da população já entendeu que estamos em um ponto crucial para a Terra. Nos aproximamos cada vez mais de grandes desastres, provocados especialmente pelo modo como tratamos o planeta. Mas podemos evitá-los, se entendermos quais são os perigos de nossa ação. Nosso planeta é maravilhoso, mas muito vulnerável.

Qual o real peso da ação humana sobre o meio ambiente, afinal? Existem três vezes mais seres humanos hoje do que quando comecei a fazer programas de televisão, há seis décadas. E a humanidade vem tratando o planeta muito mal. Se não encontrarmos uma maneira saudável de conviver com os recursos naturais, estaremos encrencados. Por isso, precisamos ter a consciência coletiva de que só um comportamento sustentável pode reverter a situação. Temos de reconhecer o problema e compreender com clareza quanto o futuro da Terra depende de como a tratamos hoje. Se continuarmos sem essa visão de futuro, será uma catástrofe.

A série demandou quatro anos de filmagem, em 31 países, entre eles o Brasil. Qual sua opinião sobre a situação ambiental por aqui? É de conhecimento geral que a Amazônia está sendo destruída. O Brasil tem uma participação essencial no clima global e suas ações afetam a todos nós no resto do mundo. Na próxima Conferência das Nações Unidas sobre Mudanças Climáticas, a COP (*programada para novembro de 2021*), é importante que princípios sejam estabelecidos. Quando países diferentes fazem contribuições para o bem-estar do mundo, eles devem chegar a um acordo econômico, uma forma de trabalhar em conjunto, não um contra o outro. Será maravilhoso quando o Brasil entender que é economicamente melhor deixar a floresta em pé do que derrubá-la.

O que o senhor espera da política ambiental brasileira? O mundo precisa, desesperadamente, de florestas vivas. Entre muitas funções, elas armazenam carbono, ajudando a manter a estabilidade do clima no globo inteiro. Logo, dependemos muito do Brasil. Qualquer árvore derrubada é um dano para a situação atual. Quanto mais árvores caírem, pior será. Se fosse possível acabar com a devastação agora, seria um ganho imenso.

O que as pessoas, individualmente, podem fazer pelo meio ambiente? Reduzir as demandas que cada um de nós tem sobre o planeta. Pensar sobre a comida que consumimos, a quantidade de carne, e o tanto que jogamos fora. Preferir fontes de energia limpa, para não produzir poluentes. Se cada um de nós fizer um pouquinho, será uma contribuição de grande ajuda para o planeta todo.

(*Veja*, 20/1/2021, ed. 2721.)

4. O naturalista David Attenborough é o principal produtor de documentários sobre a natureza, com uma experiência de mais de 60 anos. Levando em conta esse dado, assinale a afirmativa correta:

   a) Durante esse período, ele constatou que a produção de alimentos aumentou em todo o mundo.

   b) O aumento da população mundial tem exigido maior produção de alimentos, o que tem pressionado a preservação ambiental.

   c) A saída para a crise ambiental é desenvolver políticas de controle de natalidade.

   d) A produção de mais alimentos depende do uso de técnicas mais eficientes e sustentáveis.

5. Segundo o naturalista David Attenborough, a ação do homem sobre a Terra:

   a) tem sido equilibrada, respeitando os recursos naturais.

   b) tem sido falha quanto ao objetivo de produzir mais alimentos para a humanidade.

   c) tem sido negativa e nos aproximamos de grandes desastres.

   d) contribui para fontes de energia limpa e um mundo sustentável.

6. Segundo o naturalista, a possível solução para o problema do meio ambiente é:

   a) pensar na comida que consumimos e diminuir a carne.

   b) preferir fontes de energia limpa para não produzir poluentes.

   c) agir de forma sustentável tanto individual quanto coletivamente.

   d) acabar com a devastação de árvores.

7. A percepção do naturalista a respeito do Brasil é de que nosso país:

   a) tem contribuído para o bem-estar do mundo.

   b) busca equilíbrio com os recursos naturais, contribuindo com o resto do mundo.

   c) por ter consciência ecológica, tem desenvolvido uma política sustentável na Floresta Amazônica.

   d) não tem agido de forma consciente e sustentável, comprometendo a Floresta Amazônica.

8. O tema central da entrevista é:

   a) ambiental, já que promove uma reflexão a respeito das ações humanas sobre o meio ambiente.

   b) social, pois as pessoas não agem de forma coletiva, e sim individualmente.

   c) político, pois envolve relações do Brasil com o mundo.

   d) econômico, pois revela uma preocupação com um mundo mais sustentável.

Leia o texto e responda às questões 9 a 13.

(Disponível em: https://conexaoplaneta.com.br/blog/campanha-publicitaria-brasileira-sobre-alerta-ambiental-esta-entre-melhores-do-mundo/. Acesso em: 19/3/2021.)

9. O texto é uma peça publicitária produzida por uma agência do Espírito Santo (ES). Marque a alternativa correta:

   a) O anúncio chama a atenção por causa de suas cores fortes e exuberantes.

   b) O contraste entre elementos naturais e o lixo cria um impacto que cumpre um papel argumentativo.

   c) O olhar contemplativo do pelicano mostra sua completa integração com a paisagem, confirmando a parte verbal do anúncio.

   d) O anúncio denuncia a má qualidade dos serviços de limpeza pública e o abandono das praias brasileiras.

10. Observe a figura do pelicano e marque a alternativa correta:

    a) O papo da ave é preto, o que comprova sua completa integração com o ambiente.

    b) A ave engoliu um saco de lixo por engano, como resultado da poluição das praias brasileiras.

    c) O papo preto da ave mostra que ela é de uma espécie específica de pelicano.

    d) O papo da ave é um saco de lixo, dando a entender que ele se alimenta do lixo que invade o mar e as praias.

11. A campanha tem como *slogan* a frase "A natureza não pode se adaptar a tudo", chamando a atenção das pessoas sobre:

    a) o tipo de poluição que encontramos nas praias brasileiras.

    b) os pássaros exóticos do litoral brasileiro.

    c) a beleza das praias brasileiras.

    d) o cenário de devastação e poluição que tem tomado conta do planeta.

12. A imagem sugere que:

    a) os animais selvagens conseguem se adaptar a qualquer ambiente.

    b) pelicanos são aves adaptáveis a qualquer alimento.

    c) ações humanas negativas interferem diretamente no meio ambiente, podendo destruir algumas espécies.

    d) dificilmente animais morrem por se alimentar nas praias, pois são espécies resistentes e adaptáveis ao ambiente.

13. A campanha demonstra:

    a) ceticismo em relação à causa ecológica.

    b) descrédito em relação ao meio ambiente.

    c) comprometimento com a causa ambiental.

    d) descompromisso com o meio ambiente.

Leia a tira e responda às questões 14 e 15.

(Disponível em: https://tirasarmandinho.tumblr.com/post/137021215684/tirinha-original. Acesso em: 19/3/2021.)

14. A tira permite inferir que a revista a que a mulher se refere:

a) não é de seu agrado, pois fala de relacionamentos amorosos.

b) apesar de falar de relacionamentos amorosos, é muito boa.

c) é de seu agrado, apesar de alguém, provavelmente da família, achá-la ruim.

d) é de seu agrado, embora tenha restrições em relação aos temas ambientais abordados.

15. A fala de Armandinho, no último quadrinho, sugere que:

a) ele considera a revista alienante em relação à realidade.

b) a revista contém assuntos ecológicos também, que a mulher ainda não viu.

c) os relacionamentos dos famosos são tão interessantes quanto a relação do desmatamento com a falta de água.

d) não há relação entre o desmatamento e a falta de água.

Capítulo 2

Do discurso amoroso ao discurso de ódio

A expressão de nossas ideias, sentimentos e emoções é e sempre foi um desafio para a maioria das pessoas. Em um mundo como o nosso, tão cheio de contradições, para alguns talvez seja mais difícil dizer a uma pessoa que a ama do que dizer que a odeia.

Leia o poema a seguir, de Carlos Drummond de Andrade, e responda às questões propostas.

Lira do amor romântico

Ou a eterna repetição

1 Atirei um limão n'água
  e fiquei vendo na margem.
  Os peixinhos responderam:
  Quem tem amor tem coragem.

2 Atirei um limão n'água
  e caiu enviesado.
  Ouvi um peixe dizer:
  Melhor é o beijo roubado.

3 Atirei um limão n'água,
  como faço todo ano.
  Senti que os peixes diziam:
  Todo amor vive de engano.

4 Atirei um limão n'água,
  como um vidro de perfume.
  Em coro os peixes disseram:
  Joga fora teu ciúme.

5 Atirei um limão n'água
  mas perdi a direção.
  Os peixes, rindo, notaram:
  Quanto dói uma paixão!

6 Atirei um limão n'água,
  ele afundou um barquinho.
  Não se espantaram os peixes:
  faltava-me o teu carinho.

7 Atirei um limão n'água,
  o rio logo amargou.
  Os peixinhos repetiram:
  É dor de quem muito amou.

8 Atirei um limão n'água,
  o rio ficou vermelho
  e cada peixinho viu
  meu coração num espelho.

9 Atirei um limão n'água
  mas depois me arrependi.
  Cada peixinho assustado
  me lembra o que já sofri.

10 Atirei um limão n'água,
   antes não tivesse feito.
   Os peixinhos me acusaram
   de amar com falta de jeito.

11 Atirei um limão n'água,
   fez-se logo um burburinho.
   Nenhum peixe me avisou
   da pedra no meu caminho.

12 Atirei um limão n'água,
   de tão baixo ele boiou.
   Comenta o peixe mais velho:
   Infeliz quem não amou.

13 Atirei um limão n'água,
   antes atirasse a vida.
   Iria viver com os peixes
   a minh'alma dolorida.

14 Atirei um limão n'água,
   pedindo à água que o arraste.
   Até os peixes choraram
   porque tu me abandonaste.

15 Atirei um limão n'água.
   Foi tamanho o rebuliço
   que os peixinhos protestaram:
   Se é amor, deixa disso.

16 Atirei um limão n'água,
   não fez o menor ruído.
   Se os peixes nada disseram,
   tu me terás esquecido?

17 Atirei um limão n'água,
   caiu certeiro: zás-trás.
   Bem me avisou um peixinho:
   Fui passado pra trás.

18 Atirei um limão n'água,
   de clara ficou escura.
   Até os peixes já sabem:
   você não ama: tortura.

19 Atirei um limão n'água
   e caí n'água também,
   pois os peixes me avisaram,
   que lá estava meu bem.

20 Atirei um limão n'água,
   foi levado na corrente.
   Senti que os peixes diziam:
   Hás de amar eternamente.

(*Amar se aprende amando*. 32. ed. Rio de Janeiro: Record, 2009. p. 28-31.)

1. O poema foi criado a partir de alguns versos da tradição oral bem conhecidos na cultura popular brasileira.

   a) Quais são esses versos?

   _____
   _____
   _____
   _____
   _____

   b) Qual é o nome do tipo de poema da tradição oral utilizado por Drummond? Quantos versos há em cada estrofe?

   _____
   _____

   c) Observe a sonoridade da 1ª e da 2ª estrofes do poema de Drummond. Que versos rimam entre si?

   _____
   _____
   _____

   QUEM É DRUMMOND?

   Carlos Drummond de Andrade (1902–1987) nasceu em Itabira (MG) e passou a maior parte da vida no Rio de Janeiro.

   Escreveu poesia, crônicas e contos e é considerado um dos maiores poetas brasileiros de todos os tempos. Entre outras obras suas estão *A rosa do povo* e *Fala, amendoeira*.

   Saiba mais sobre o escritor acessando: www.carlosdrummond.com.br.

   d) Quantas sílabas poéticas há em cada verso? O número de sílabas coincide com o dos versos indicados na resposta do item **a**?

   _____
   _____
   _____

   e) Quais são as sílabas poéticas com pronúncia mais forte e, portanto, responsáveis pelo ritmo?

   _____
   _____

2. Cada uma das estrofes do poema apresenta duas partes. Na primeira parte (os dois primeiros versos), o eu lírico faz uma ação; na segunda (os dois últimos versos), ocorre uma reação ou um efeito.

   a) Na 1ª estrofe, qual é o efeito de atirar um limão na água?

   _____
   _____

b) Na 2ª estrofe, qual é a causa de o peixe dizer "Melhor é o beijo roubado"?

_____
_____
_____
_____

3. O tema do poema é:

a) a exaltação amorosa.

b) a desilusão amorosa.

c) a realização amorosa.

d) a idealização amorosa.

4. O poema, intitulado "Lira do amor romântico", narra uma história de amor.

Pelos dois últimos versos de cada estrofe, é possível saber alguns detalhes dessa história.

a) Com base nas 1ª, 2ª e 3ª estrofes, responda: Qual é a opinião dos peixes sobre o amor?

_____
_____
_____
_____
_____

b) Com base nas estrofes que vão da 4ª à 10ª, responda: Que problemas o eu lírico tem em seu relacionamento amoroso?

_____
_____
_____
_____
_____
_____
_____

5. A 11ª estrofe apresenta intertextualidade com um poema do próprio Drummond. Leia-o no boxe ao lado.

No poema "Lira do amor romântico", qual é o significado da "pedra no caminho"?

___

> **NO MEIO DO CAMINHO**
>
> No meio do caminho tinha uma pedra
> tinha uma pedra no meio do caminho
> tinha uma pedra
> no meio do caminho tinha uma pedra.
> Nunca me esquecerei desse acontecimento
> na vida de minhas retinas tão fatigadas.
> Nunca me esquecerei que no meio do caminho
> tinha uma pedra
> tinha uma pedra no meio do caminho
> no meio do caminho tinha uma pedra.
>
> (*Reunião*. 10. ed. Rio de Janeiro: José Olympio, 1980. p. 12.)

6. A história de amor do eu lírico começa a ganhar um desfecho a partir da 14ª estrofe.

   a) Do que fala essa estrofe?

   ___

   b) Que explicação para esse fato se encontra na 17ª estrofe?

   ___

7. Releia as duas últimas estrofes, que apresentam o desfecho do poema.

   a) Que ação do eu lírico ocorre na 19ª estrofe?

   ___

b) Levante hipóteses: Que fim tem o eu lírico? Justifique sua resposta.

_____
_____
_____
_____
_____
_____

8. Além de ter sido criado a partir de versos da tradição popular, o poema contém **aforismos**, isto é, frases da cultura popular que exprimem juízos de valor. Um aforismo presente no poema é "Quem tem amor tem coragem". Das frases a seguir, quais também são aforismos?

( ) "Se é amor, deixa disso."

( ) "Melhor é o beijo roubado."

( ) "Infeliz quem não amou."

( ) "Todo amor vive de engano."

9. O poema "Lira do amor romântico" tem como subtítulo "Ou a eterna repetição".

   a) Levando em conta estrofação, métrica, rimas, ritmo e musicalidade, responda: De que forma a ideia de repetição é sugerida formalmente no poema?

   _____
   _____
   _____
   _____
   _____

   b) Levante hipóteses: Que relação há entre amor e repetição?

   _____
   _____
   _____
   _____
   _____

   c) Por que o poeta aproveita elementos da tradição popular para tratar do tema da desilusão amorosa?

   _____
   _____
   _____
   _____
   _____
   _____

10. O que você acha da experiência amorosa? Amor deve, necessariamente, rimar com dor? Se não, com que outras palavras o amor pode rimar?

   _____
   _____
   _____
   _____
   _____
   _____

Palavras em contexto

1 Ao longo do poema, observa-se a presença de expressões como **n'água**, **minh'alma**, **zás-trás**, cujo emprego confirma a opção:

a) por expressões com maior força poética.

b) pela linguagem popular.

c) pela musicalidade.

d) por imagens ricas em sentido.

2 Palavras ou expressões enfáticas próprias da linguagem popular também estão presentes no poema. Em quais dos versos a seguir a palavra destacada tem sentido enfático e é própria da linguagem popular?

( ) "**Até** os peixes choraram"

( ) "**e** fiquei vendo na margem"

( ) "**Bem** me avisou um peixinho"

( ) "Foi **tamanho** o rebuliço"

3 Releia estes versos:

> "Atirei um limão n'água,
> como faço todo ano."

a) Qual é o sentido da expressão **todo ano** nesse contexto?

_____
_____
_____
_____

b) Que mudança de sentido haveria se o poeta houvesse empregado **todo o ano**?

_____
_____
_____
_____

Texto e intertexto

Leia este cartum de Quino:

(*Sim, amor*. São Paulo: Martins Fontes, 2005. p. 45.)

1 Observe o 1º e o 2º quadrinhos e, depois, compare-os ao 3º e ao 4º quadrinhos. Notamos que, da passagem de uma situação para outra, a personagem faz algumas alterações no texto, riscando algumas palavras. Observe as palavras riscadas e conclua: Por que a personagem elimina essas palavras?

_____
_____
_____
_____
_____
_____

2 Observe agora o 5º e o 6º quadrinhos e compare-os aos anteriores.

a) Que diferença de tom ocorre com a substituição de **muito bonito** por **uma experiência positiva** em "o que houve entre nós foi muito bonito"?

_____
_____
_____
_____

b) E com a substituição de **não soubemos nos compreender profundamente** por **apesar de não combinarmos em muita coisa**?

_____
_____
_____
_____
_____

3 Observe agora a sequência dos quadrinhos 7º, 8º e 9º. Nela, as mudanças continuam, mas no 9º quadrinho há um elemento novo.

a) Qual é esse elemento?

_____
_____
_____
_____

Capítulo **2**

29

b) Observe este trecho:

> "nunca VOCÊ ME ENTENDEU"

O que explica a escrita das três últimas palavras em letras maiúsculas?

_____
_____
_____
_____
_____

4 Observe a mudança na expressão facial da personagem ao longo do cartum.

a) O que a expressão dela sugere?

_____
_____
_____
_____
_____
_____

b) O que é revelado sobre a personagem no 12º quadrinho?

_____
_____
_____
_____
_____
_____
_____

c) A atitude da personagem no último quadrinho é coerente com a postura que ela vinha adotando nos quadrinhos anteriores? Por quê?

_____
_____
_____
_____
_____
_____
_____

5 Observe agora a mensagem deixada na parede.

a) Ela é coerente com as mudanças de texto que a personagem vinha fazendo, de acordo com seu estado emocional? Por quê?

_____
_____
_____
_____
_____
_____

b) Levante hipóteses: A que você atribui a mudança do estado emocional da personagem?

_____
_____
_____
_____
_____
_____

6 Agora compare o cartum de Quino ao poema "Lira do amor romântico", de Carlos Drummond de Andrade, quanto a tema, personagens, desfecho narrativo, tempo e espaço. Depois, com base na comparação, aponte ao menos uma semelhança e uma diferença de conteúdo entre os dois textos.

_____
_____
_____
_____
_____
_____
_____
_____
_____

Exercícios

Leia os textos a seguir e responda às questões 1 a 4.

Texto 1

A cigarra e a formiga

Cantou muito a cigarra
Só fez farra
Durante todo o verão.

Chega o inverno, e então
Com a despensa vazia
Acabou-se a alegria.

"Vou procurar uma amiga
Minha vizinha, a formiga!"
E foi pedir emprestado
Qualquer comida, um bocado.

"Mas quando o verão voltar
Voltarei para pagar
Pode estar certa, eu garanto
Vou recuperar meu canto"

A formiga, renitente,
Disfarçou, olhou de lado
E deu logo o seu recado
À cigarra imprevidente:

"Eu cuidei do meu cantinho
Tu cantavas toda hora...
Escolheste teu caminho
Tudo bem, pois dança agora"...

(*O melhor de La Fontaine*. Tradução e adaptação de Nílson José Machado. São Paulo: Escrituras, 2012. p. 17.)

Texto 2

(Fernando Gonsales. *Níquel Náusea — Vá pentear macacos*. São Paulo: Devir, 2002. p. 18.)

1. Pode-se inferir do texto de La Fontaine que a formiga tem, em relação à cigarra, uma atitude de:

a) punição.

b) aconselhamento.

c) acolhimento.

d) amistosidade.

2. Em qual dos seguintes versos do texto 1 há ironia?

a) "Tu cantavas toda hora..."

b) "Tudo bem, pois dança agora..."

c) "E deu logo o seu recado"

d) "Vou recuperar meu canto"

3. No texto 2, a formiguinha comenta "Isso está me cheirando lavagem cerebral!". O que a leva a fazer esse comentário?

a) Ela percebe que a professora está com pena da cigarra.

b) A professora já tinha contado essa história antes.

c) O final dessa história condiciona as formigas a trabalharem ou estudarem sempre e cada vez mais.

d) Depois da leitura da história, as formigas não se lembrarão de mais nada.

4. Considere as seguintes afirmações a propósito dos dois textos.

I. Há intertextualidade entre eles e ambos se inspiram na conhecida fábula "A cigarra e as formigas", de Esopo.

II. Ambos abordam o mesmo tema.

III. O narrador da fábula de La Fontaine e a professora têm o mesmo ponto de vista sobre os comportamentos da cigarra e da formiga.

IV. O emprego da palavra **farra** na primeira estrofe do poema torna previsível a decisão tomada pela formiga na última estrofe.

Estão corretas:

a) I, II e IV.

b) I, II e III.

c) I, III e IV.

d) todas.

Leia a tira e responda às questões 5 a 9.

(Angeli. *Folha de S.Paulo*, 25/4/1993.)

5. Observe a linguagem visual. Pode-se inferir que os personagens representam:

   a) um reencontro de amigos de muito tempo.

   b) um casal de idosos, casados há muitos anos.

   c) irmãos idosos conversando sobre o cotidiano.

   d) pai e filha conversando sobre a vida.

6. A mulher demonstra ter:

   a) alegria de viver, pois está ao lado de seu companheiro.

   b) apatia em relação a tudo que viveu ao lado de seu companheiro.

   c) saudade de sua juventude.

   d) insatisfação com a vida.

7. Na tirinha, há traço de humor em:

   a) "Que olhar é esse, Dalila?"

   b) "Olhar de tristeza, de mágoa, desilusão..."

   c) "Olhar de apatia, tédio, solidão..."

   d) "Sorte! Pensei que fosse conjuntivite!"

8. A resposta do homem, no último quadrinho, demonstra que ele:

a) se mostra indiferente aos sentimentos que a mulher externa.

b) fica chocado com as declarações feitas pela mulher.

c) está preocupado com o quadro de saúde mental da mulher.

d) está preocupado com doenças oftalmológicas na idade da mulher.

9. O comentário do homem cria humor porque:

a) ele se preocupa apenas com doenças físicas, sem perceber que a mulher está doente psicologicamente.

b) dada a insensibilidade do homem, ele próprio pode ser a causa dos sentimentos da mulher.

c) ele não muda sua expressão enquanto fala.

d) se opõe ao que a mulher está dizendo, evidenciando que ele está doente psicologicamente.

Leia os textos a seguir e responda às questões 10 a 13.

Texto 1

O que caracteriza o discurso de ódio?

O discurso de ódio é considerado um tipo de violência verbal, e a sua base é a **não aceitação das diferenças**, ou seja, a **intolerância**.

Entretanto, quando falamos de diferenças, o foco dessa prática se dá, em sua maioria, naquelas ligadas a aspectos de crença, origem, cor/etnia, gênero, identidade, orientação sexual etc.

Não colocaremos aqui exemplos reais de discurso de ódio, mas imaginamos que, ao menos uma vez, você já tenha se deparado com este tipo de situação na internet. Não é raro vermos, por exemplo, comentários **xenofóbicos** com pessoas do nordeste do Brasil ou, trazendo mais para os dias de hoje, com o povo chinês, os culpando pela pandemia do novo coronavírus e julgando seus hábitos alimentares e de higiene.

[...]

Discurso de ódio × liberdade de expressão

Como dito anteriormente, o discurso de ódio se configura como crime e atenta às garantias e direitos fundamentais de todo cidadão. Entretanto, o principal debate que surge ao falarmos dessa prática é a **diferença entre discurso de ódio e liberdade de expressão**. Isso porque, muitos alegam que a liberdade de expressão lhes dá direito de se expressarem da maneira que melhor lhe convém sobre todo e qualquer tema.

O direito à liberdade de expressão é garantido pelo inciso IX do Artigo 5º da Constituição, ou seja, uma **garantia constitucional**. Isso, por sua vez, não significa que ela seja uma garantia absoluta, afinal, ela também precisa respeitar outras garantias constitucionais, como o **direito à intimidade**, por exemplo.

Na prática isso significa que você tem a liberdade de expressar suas crenças e opiniões, desde que elas não firam outras leis e garantias. Ou seja, ter falas racistas, homofóbicas e similares, utilizando do argumento de liberdade de expressão, além de ser um ato nada empático e respeitoso, é configurado como crime, por ferir vários direitos fundamentais assegurados em nossa atual Constituição.

(Disponível em: https://www.politize.com.br/discurso-de-odio-o-que-e/. Acesso em: 19/4/2021.)

Texto 2

- "Tem que ir para a cadeira elétrica e exterminar toda a família por causa do gene ruim. Bandido bom é bandido morto."

- "Só conseguiu emprego no JN Por causa das cotas preta imunda"

- "Esses nordestinos pardos, bugres, índios acham que têm moral, cambada de feios. Não é à toa que não gosto desse tipo de raça"

- "[...] Desejo do fundo do coração que sejam tomados pela desnutrição, que seus bebês nasçam acéfalos, que suas crianças tenham doenças que os médicos cubanos não consigam tratar, que o ebola chegue no Brasil pelo Nordeste e que mate a todos!"

(Comentários de internet. Disponível em: https://guiadoestudante.abril.com.br/curso-enem-play/dossie-intolerancia-do-odio-a-barbarie/. Acesso em: 19/4/2021.)

10. Tomando como referência a diferença entre discurso de ódio e liberdade de expressão apresentada pelo texto 1, pode-se afirmar que os comentários de internet (texto 2) caracterizam-se como manifestação de:

a) discurso de ódio, pois os dados privados de uma pessoa geralmente podem ser expostos.

b) discurso de ódio, uma vez que ofendem um grupo minoritário do qual a vítima faz parte.

c) liberdade de expressão, pois a vítima ou o grupo a que pertence não se sentem incomodados, embora haja agressões verbais com expressões preconceituosas.

d) liberdade de expressão, pois os autores exercem seu direito constitucional de dizer o que pensam, sem censura.

11. Segundo o artigo 140 do Código Penal: "se a injúria consiste na utilização de elementos referentes a raça, cor, etnia, religião, origem ou condição de pessoa idosa ou portadora de deficiência, a pena é reclusão de um a três anos e multa".

Deduza: Para que essa lei seja cumprida é necessário que a vítima:

a) denuncie às autoridades competentes e tenha provas sobre as ofensas.

b) pratique o diálogo com seu agressor e busque ajuda com autoridades competentes.

c) compartilhe nas redes sociais as mensagens de discurso de ódio.

d) sensibilize as pessoas próximas para que o agressor cesse suas agressões.

12. Em suas ofensas, os comentários lidos abarcam:

a) idade, etnia, origem.

b) deficiência física, origem, idade.

c) cor, etnia, velhice.

d) raça, etnia, origem.

13. Segundo o texto 1, "O direito à liberdade de expressão é garantido pelo inciso IX do Artigo 5º da Constituição, ou seja, uma **garantia constitucional**.", o que significa:

a) direito de expressarmos crenças e opiniões livremente, sempre que as julgarmos coerentes e verdadeiras.

b) direito de se expressar da melhor maneira possível sobre todo e qualquer tema.

c) a liberdade de expressar crenças e opiniões, desde que elas não firam leis e garantias de outros.

d) ferir direitos fundamentais assegurados em nossa atual Constituição, desde que haja motivos comprovados e suficientes para isso.

Capítulo 3

O céu e o inferno das redes sociais

As redes sociais são frequentemente atacadas por especialistas de diferentes áreas, que alegam problemas de superexposição, falta de concentração dos jovens, problemas de identidade, *cyberbullying*, crimes cibernéticos, etc.

Mas será que as redes sociais não trouxeram nada de bom?

Leia o texto.

O lado bom das redes sociais

Mariana Mandelli

Plataformas fortalecem projetos de impacto social e participação cívica

A pressão sobre as plataformas digitais nunca foi tão grande, e tem vindo de todas as direções: governos, justiça, sociedade civil e usuários. Bem antes do temor provocado pelo documentário da Netflix "O dilema das redes", os usos maléficos das mídias sociais vêm sendo pauta da imprensa, da medicina e da academia de modo geral.

A conexão entre amigos e conhecidos, os conteúdos culturais, a democratização do conhecimento e o acesso a diferentes fontes de informações, alguns dos benefícios inegáveis trazidos pela era da hiperconectividade, estão sendo deixados de lado com a enxurrada de críticas — totalmente justas — que as empresas do Vale do Silício estão recebendo.

Mas, em meio a esse debate urgente e à cobrança por uma postura mais transparente por parte dessas companhias, não podemos perder de vista a potência que as redes têm de criar soluções de impacto social em territórios vulneráveis, ou mesmo de melhorar as condições de vida das pessoas, trazendo bem-estar a comunidades e indivíduos. Em poucas palavras: a capacidade dessas plataformas de serem usadas positivamente para aumentar a participação cívica.

Não se trata de "ativismo de sofá" ou de uma concepção de cidadania que inclua não propagar desinformação em tempos de pandemia ou durante períodos eleitorais [...]. Utilizar a tecnologia para promover empatia, reconhecendo, respeitando e incluindo a diversidade de vozes é, provavelmente, uma das possibilidades mais bonitas que a internet nos trouxe, e não pode ser esquecida, principalmente em momentos como esse.

Parece um discurso utópico e frágil, mas existem exemplos concretos que nos mostram o potencial disso tudo. Se estamos mais conectados do que nunca, por que não desviarmos o olhar para problemas que criem senso de comunidade e engajamento cidadão?

O próprio movimento Black Lives Matter talvez seja o melhor exemplo, já que teve origem nas redes e se espalhou por meio delas pelos Estados Unidos, ganhando adeptos, admiradores e ativistas por uma sociedade antirracista.

O 19 Million Project, uma espécie de coalizão internacional de jornalistas, ativistas designers e cientistas de dados, também é uma iniciativa digital de conscientização, mas sobre outra mazela de dimensão global: a crise humanitária. Usando no nome o número do total de pessoas que deixaram as suas casas e tornaram-se refugiadas, especialmente na Europa, o projeto une profissionais de diversos ramos para pensarem novas narrativas sobre essa tragédia humana.

Em menor escala, são inúmeros os projetos que se utilizam das mídias sociais para conectarem problemas a soluções de impacto social, sejam eles locais ou globais. [...] Foi o caso da estudante catarinense Isadora Faber, que em 2012 criou uma página no Facebook chamada Diário de Classe para exigir melhores condições para a sua escola pública, gerando discussão sobre a infraestrutura do sistema de ensino no Brasil.

[...]

Pensando na construção da cidadania como um processo que deve ter início na infância, é primordial que crianças e jovens tenham contato com projetos como todos esses desde a escola. A ideia de participação cívica conectada ao ambiente digital precisa ser trabalhada em sala de aula, usando as redes como catalisadoras de mudanças sociais. Em outras palavras, é preciso que os projetos pedagógicos consigam responder à pergunta: Como podemos impactar a nossa comunidade e o mundo através do uso consciente, criativo e positivo das mídias?

Muito se fala sobre o aprendizado do século 21 ser baseado em problemas de investigação, levando os estudantes a formularem questões que partam das atividades e do conteúdo visto nas aulas. Pautas sociais podem e devem ser discutidas por meio de uma educação midiática que sirva de ponte entre essa reflexão sobre os desafios da sociedade e o mundo para além das paredes da escola, gerando impacto por meio do lado bom das redes sociais.

(Disponível em: https://www1.folha.uol.com.br/educacao/2020/10/o-lado-bom-das-redes-sociais.shtml?origin=folha. Acesso em: 21/3/2021.)

QUEM É MARIANA MANDELLI?

Mariana Mandelli é jornalista e cientista social, com mestrado em Antropologia Social. Atua na área de comunicação com foco em educação e políticas públicas há dez anos. Já passou por diversas redações, trabalhando com produção e edição de conteúdo e coordenação de comunicação institucional e corporativa, sempre buscando trabalhos com impacto social. Atualmente é coordenadora de comunicação do Instituto Palavra Aberta.

(Disponível em: https://educamidia.org.br/quem-somos. Acesso em: 24/3/2021.)

1. O texto lido discute o papel das plataformas digitais na sociedade atual.

   a) Por que as plataformas digitais sofrem críticas de vários setores da sociedade?

   _____
   _____
   _____

   b) Apesar das críticas, quais são os pontos positivos que essas plataformas trouxeram para os usuários?

   _____
   _____
   _____

2. Segundo a autora, como a tecnologia deve ser utilizada positivamente?

   _____
   _____
   _____

3. As plataformas digitais devem ser utilizadas pela comunidade de forma consciente, criativa e positiva. Alguns exemplos de engajamento cidadão foram citados, como o movimento Black Lives Matter, o 19 Million Project e o Diário de Classe. O que esses projetos proporcionam para a sociedade?

   _____
   _____

4. Segundo o texto, as redes sociais podem ser usadas como catalisadoras do processo de construção da cidadania.

   a) Em que período da vida esse processo deve ser iniciado?

   _____

   b) A que instituição caberia a responsabilidade de desenvolver esse processo?

   _____

5. No final do texto, há uma proposta de ensino para as escolas do século XXI.

   a) Em síntese, o que caracteriza essa proposta quanto à participação do aluno?

   _____
   _____
   _____

b) Quais assuntos nacionais ou globais você considera importante que sejam debatidos nas escolas?

Palavras em contexto

1 Releia o trecho a seguir e responda às questões propostas.

> "A conexão entre amigos e conhecidos, os conteúdos culturais, a democratização do conhecimento e o acesso a diferentes fontes de informações, alguns dos benefícios inegáveis trazidos pela era da hiperconectividade, estão sendo deixados de lado com a enxurrada de críticas — totalmente justas — que as empresas do Vale do Silício estão recebendo."

a) Qual é o sentido da palavra **hiperconectividade** no contexto?

b) O texto cita o Vale do Silício. Você sabe do que se trata? Troque ideias com os colegas e com o professor e escreva a seguir as conclusões a que chegou.

c) Por que a expressão **totalmente justas** foi empregada entre travessões?

2 No trecho "Não se trata de 'ativismo de sofá' ou de uma concepção de cidadania que inclua não propagar desinformação em tempos de pandemia ou durante períodos eleitorais", qual é o significado da expressão **ativismo de sofá**?

Leia o texto a seguir.

Política e redes sociais

Banir Trump pareceu sensato, mas essa não é uma questão trivial

Ao incitar os protestos no Capitólio, sede do Congresso dos Estados Unidos, em Washington, na quarta-feira 6, contra a confirmação de sua derrota nas urnas, o presidente Donald Trump se tornou uma espécie de líder de seita radical e se afastou do mundo político que o elegeu em 2016. Entre outras consequências, a sua conduta causou uma ruptura dentro do seu partido — o Republicano —, bem como reforçou a rejeição a si próprio em boa parte do establishment americano, onde ele já teve importantes aliados. E, ainda, impulsionou um pedido de impeachment, que pode afastá-lo da vida política.

Por causa dos acontecimentos, o presidente dos Estados Unidos foi banido das redes sociais. Considerando o histórico de seu comportamento e sobretudo a sua incrível habilidade para criar polêmicas, bani-lo das redes pareceu sensato e adequado. Afinal, se Trump as utiliza para pregar a desordem institucional, ele estaria cometendo um crime, e as redes sociais poderiam ser acusadas de cumplicidade se ficassem omissas. Mas esta não é uma questão trivial.

Muitos questionam, por exemplo, por que as redes sociais não atuaram da mesma forma em outras circunstâncias. E, ainda, por que páginas que exaltam atos terroristas são mantidas no ar. Até pouco tempo, as redes sociais se recusavam a tomar uma atitude contra a disseminação de conteúdos impróprios. Afirmavam que não eram veículos de comunicação e que não seriam responsáveis pelas postagens. A realidade tem mostrado que essa postura está mudando, o que é bem-vindo. Porém, gostar ou não de Trump não deve ser o parâmetro para tal mudança.

"Não podemos deixar apenas ao arbítrio das plataformas o poder de cancelar contas, sem haver limites e parâmetros claros"

O tema vem sendo tratado de forma periférica e inconsistente em nosso país. Mesmo a imprensa, que é rigorosamente regulada, tem postura ambígua em relação ao controle das plataformas digitais. Mas o Brasil deve estar atento aos desdobramentos do que ocorre nos Estados Unidos, tendo em vista a influência das redes no debate político. [...]

No Brasil existe, claramente, discriminação no tratamento jurídico dado aos veículos de comunicação e às plataformas de redes. E o país acaba dependendo apenas do bom senso dessas últimas para evitar que usuários mal-intencionados incentivem atos criminosos no ambiente on-line. Porém, não podemos deixar apenas ao arbítrio das plataformas o poder de cancelar contas sem a existência de limites e parâmetros claros e constitucionalmente consistentes.

Pois, ao tratar do assunto, devemos evitar atitudes que ameacem a liberdade de expressão. O tema foi objeto de intenso debate quando estive no Conselho de Comunicação Social do Congresso Nacional.

Entendo que a única forma de resolver o desafio de controlar a disseminação de atos criminosos pelas redes sociais preservando, simultaneamente, a liberdade de expressão é responsabilizando quem posta informações que induzam e promovam ações criminosas. É a forma correta de proteger a democracia. Tudo com o amparo da Justiça, que deve atuar de forma proativa quando evidenciada a prática de crimes pelas redes sociais.

(Murillo de Aragão. *Veja*, 20/1/2021, ed. 2721.)

1 O texto discute a importância de alguns fatos ocorridos nos Estados Unidos e que têm grande repercussão na relação entre liberdade de expressão e tecnologia.

a) Que fato foi responsável pela perda do apoio político do presidente norte-americano Donald Trump?

b) Quais foram as consequências desse fato para Trump em relação às redes sociais?

2 O tema da liberdade de expressão sem limites nas redes sociais vem sendo amplamente debatido por toda a sociedade, em várias partes do mundo.

a) Inicialmente, como as redes sociais agiam em relação ao caráter e ao conteúdo das postagens feitas?

b) Por que a expulsão de Trump das redes sociais parece não condizer com a postura que as redes sociais vinham adotando até então?

3 Leia este trecho do texto:

> "Não podemos deixar apenas ao arbítrio das plataformas o poder de cancelar contas sem a existência de limites e parâmetros claros constitucionalmente consistentes."

a) Como esse tema é tratado no Brasil?

_____
_____
_____
_____

b) Segundo o texto, a interferência, sem critérios claros, das redes sociais nas postagens dos usuários fere qual princípio?

_____
_____

4 Segundo o texto, é necessário encontrar uma forma de combater a disseminação de atos criminosos pelas redes sociais, sem impedir a liberdade de expressão e sem comprometer a democracia. Para o autor, qual é o modo de conseguir isso?

_____
_____
_____

5 Compare o texto "O lado bom das redes sociais", lido no início deste capítulo, com o texto de Murillo de Aragão.

a) O que eles têm em comum?

_____
_____
_____

b) Em que diferem?

_____
_____
_____
_____
_____

Exercícios

Leia o texto a seguir e responda às questões 1 a 3.

Doutores da Alegria fazem lives e animam pacientes internados

Grupo de artistas tem tentado acabar com a solidão de pacientes internados com a Covid-19

Sem poder se apresentar presencialmente por causa da pandemia do novo coronavírus, o grupo Doutores da Alegria passou a realizar lives, ou seja, transmissões pela internet, para pacientes internados na enfermaria do Hospital Municipal Doutor Moysés Deutsch, no M'Boi Mirim (zona sul), desde 21 de maio.

A iniciativa, ainda um projeto-piloto, se repetiu por mais três vezes, sendo a mais recente na última quarta-feira (17).

Antes do coronavírus, os 47 "palhaços doutores" da trupe realizavam duas visitas semanais a oito hospitais em São Paulo, quatro em Recife, além de projetos no Rio de Janeiro, também na área da saúde.

Impedidos de trabalhar presencialmente, os artistas passaram a usar a tecnologia, além de contar com a ajuda de profissionais da saúde, para poder interagir com pacientes atendidos pelos "doutores" antes da pandemia.

[...]

Ausência da trupe deixa vazio em hospital público

"Está faltando sorrisos em nossos corredores", afirmou Manoel Messias Freires Júnior sobre a interrupção dos atendimentos feitos pelos Doutores da Alegria no Hospital Municipal do Campo Limpo (zona sul), onde ele é coordenador de voluntariado.

A unidade de saúde é atendida pela trupe há cerca de 12 anos, levando alegria para pacientes e funcionários. "A visita deles é muito acolhedora. Eles vão em vários setores, que só elogiam o trabalho dos doutores [da alegria]", disse Júnior.

O coordenador afirmou ainda que a presença dos palhaços dá vida ao hospital e quebra a rotina, principalmente nos corredores, onde os artistas são seguidos por crianças, que acabam esquecendo, em um passe de mágica, que estão em um hospital.

Porém, desde 17 de março, quando os palhaços da trupe interromperam suas visitas, o hospital está mais parado e triste, admitiu o coordenador dos voluntários da unidade de saúde. "A presença deles é importante para nós, tanto pacientes como funcionários. Espero que voltem logo, assim que normalizar a rotina no hospital. Os Doutores da Alegria fazem parte daqui, o hospital é deles também", desabafou Júnior.

[...]

(Disponível em: https://agora.folha.uol.com.br/sao-paulo/2020/06/doutores-da-alegria-fazem-lives-e-animam-pacientes-internados.shtml. Acesso em: 21/3/2021.)

1. A solução encontrada pelos Doutores da Alegria para amenizar a solidão de pacientes internados com a covid-19 foi:

   a) visitar os hospitais diariamente.

   b) trabalhar em contato direto com o público.

   c) realizar reuniões diárias com profissionais da área e com os pacientes hospitalizados.

   d) realizar *lives*, ou seja, transmissões pela internet, para profissionais da área de saúde e pacientes hospitalizados.

2. Segundo o texto, o trabalho presencial dos palhaços nos hospitais:

   a) dá vida e alegria ao local, pois há uma quebra da rotina.

   b) não traz benefícios para pacientes e funcionários.

   c) normaliza a rotina do hospital.

   d) deixa o hospital mais parado e triste.

3. Os Doutores da Alegria compartilham diariamente três vídeos com piadas e intervenções. Segundo o texto, esse é um trabalho:

   a) suficiente para possibilitar alegria somente para os funcionários.

   b) inadequado para o contexto e insuficiente em termos de proporcionar alegria para os pacientes.

   c) adequado para o contexto, porém o trabalho presencial é o mais desejado por pacientes e funcionários.

   d) muito mais eficaz e interativo que o trabalho presencial.

Leia o texto e responda às questões 4 a 6.

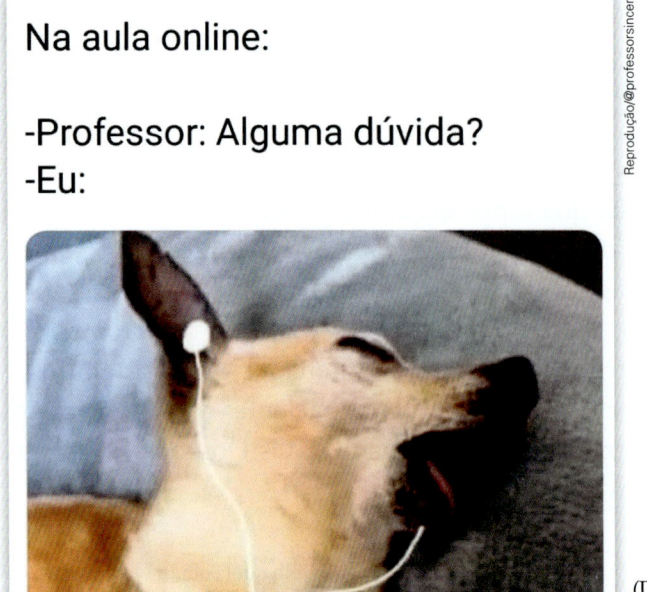

(Disponível em: https://www.youtube.com/watch?v=yWQI2Yhmmdg. Acesso em: 21/3/2021.)

4. O meme circulou nas redes sociais durante o período da pandemia do coronavírus, que obrigou as escolas a adotar o ensino remoto entre 2020 e 2021. O texto ironiza:

   a) os áudios de música.

   b) os cães com sono pesado.

   c) a qualidade dos equipamentos eletrônicos.

   d) as aulas *on-line*.

5. A expressão corporal do cachorro sugere que ele:

   a) está indisposto para ouvir o conteúdo da aula.

   b) tem total desinteresse pelo assunto.

   c) desconhece o assunto que escuta.

   d) participa e interage com o professor.

6. A finalidade principal do texto é:

   a) criticar as aulas virtuais, motivando uma mudança.

   b) gerar humor.

   c) fazer uma reflexão sobre aulas com áudio.

   d) descrever a realidade dos estudantes durante a pandemia.

Leia o texto a seguir e responda às questões 7 a 10.

Termos e condições de uso das redes sociais da Unicamp

- As redes sociais da Unicamp têm por objetivo divulgar as atividades científicas, culturais e institucionais, além de promover o debate de ideias e a pluralidade de opiniões.
- Os posts e todas as publicações da Unicamp destinam-se apenas para fins informativos, excluindo qualquer utilização comercial ou publicitária. Os comentários publicados pelos usuários não constituem opinião da Unicamp e não são por ela endossados, não constituindo aconselhamento científico, jurídico, financeiro, médico ou profissional de qualquer natureza.
- O conteúdo de cada comentário e as opiniões expressas são de única e exclusiva responsabilidade civil e penal do usuário.
- Todos os comentários e conteúdos publicados pelos usuários nas redes sociais da Unicamp são públicos e de divulgação imediata, todavia serão avaliados por nossa equipe de moderação/monitoramento. Assim, nos reservamos o direito de excluir, sem prévio aviso, todos os conteúdos em não conformidade com este Termo de Uso, tais como aqueles conteúdos que possuam caráter difamatório, de ameaça a terceiros, assédio e/ou bullying, discurso de ódio (com base em raça, etnia, nacionalidade, gênero, deficiência ou qualquer doença), nudez, boatos, pornografia ou, ainda, mensagens com intuito comercial e/ou lucrativo ou que não tenha relação com o propósito de nossas redes sociais.

- A Unicamp tem a prerrogativa de, a seu exclusivo critério e independentemente de qualquer aviso ou notificação, retirar qualquer comentário do ar, mesmo que o comentário não viole as regras estabelecidas neste Termo de Uso.

Podem ser vetados comentários que:

- Não tratem do assunto objeto do conteúdo em que foi postado;
- Utilizem linguagem chula, grosseira ou ofensiva, palavras cortadas por caracteres ou escritos em outra língua que não o português e totalmente em maiúscula;
- Divulguem banners publicitários;
- Ofereçam qualquer tipo de produto para venda;
- Veiculem material pornográfico, persecutório, ameaçador, racista ou discriminatório com relação à raça, religião ou nacionalidade;
- Veiculem informação sobre atividades ilegais e incitação ao crime;
- Veiculem afirmações ou material calunioso, injurioso ou difamatório;
- Veiculem propaganda política para candidatos, partidos ou coligações, bem como propaganda a respeito de seus órgãos ou representantes;
- Contenham páginas e arquivos criptografados ou protegidos por senhas;

[...]

(Disponível em: https://www.unicamp.br/unicamp/sites/default/files/2017-11/TermosecondicoesdeusodasredessociaisdaUnicamp_0.pdf. Acesso em: 21/3/2021.)

7- O texto lido tem o objetivo de:

a) divulgar a toda a comunidade as atividades científicas, culturais e institucionais que são desenvolvidas na universidade.

b) divulgar informações relativas à pirataria de *software* e estabelecer critérios para combatê-la.

c) estabelecer normas de utilização da plataforma de redes sociais da universidade.

d) promover o debate de ideias e a pluralidade de opiniões dentro da comunidade acadêmica.

8- Quanto ao conteúdo, toda e qualquer postagem:

a) é de responsabilidade da Unicamp.

b) é de responsabilidade do usuário, porém endossada pela universidade.

c) é de responsabilidade do usuário com aconselhamento científico, jurídico e financeiro da Unicamp.

d) é de exclusiva responsabilidade civil e penal do usuário.

9- A Unicamp se reserva o direito de excluir da plataforma:

a) todos os conteúdos que, conforme seu julgamento, não estiverem em conformidade com as normas expostas.

b) principalmente material pornográfico, persecutório, ameaçador, racista ou discriminatório com relação a raça, religião ou nacionalidade.

c) somente conteúdos ou material protegidos por direitos autorais, sem autorização do autor ou de seu representante.

d) conteúdos que não foram vistoriados pela equipe de moderação/monitoramento.

10. Comprova o caráter normativo do texto o emprego de:

a) verbos no presente do indicativo, referindo-se a fatos que estão ocorrendo no momento da enunciação.

b) modalizadores do discurso como "não podem ser vetados", "tem a prerrogativa de retirar", "mesmo que o comentário não viole as regras", etc.

c) verbos no imperativo, como veiculem, contenham, ofereçam.

d) substantivos como crime, política, religião, raça.

Leia o texto a seguir e responda às questões 11 a 14.

Como se proteger contra crimes cibernéticos

- Não forneça informações pessoais desnecessárias, como nome completo, endereço, e número de documentos
- Só utilize redes Wi-Fi confiáveis. As redes Wi-Fi públicas, sejam abertas ou protegidas por senha, podem estar sendo interceptadas
- Mantenha o sistema operacional e as aplicações sempre atualizadas. Manter o software do computador ou dispositivo móvel atualizado é essencial para proteger contra ameaças
- Opte por computadores ou dispositivos pessoais protegidos para garantir que os dados sensíveis digitados durante a transação não serão interceptados por cybercriminosos que podem ter infectado a máquina
- Utilize um antivírus para detectar e bloquear ameaças. O programa deve estar sempre atualizado para evitar possíveis invasões dos dispositivos
- Não abra e-mails de remetentes desconhecidos e não clique em links suspeitos
- Escolha senhas complexas e não as divulgue para ninguém
- Opte por sites de e-commerce com boa reputação para evitar problemas com compras online
- Após as compras online, examine seus extratos bancários e de cartão de crédito regularmente para garantir que tudo ocorreu conforme o esperado
- Evite permanecer conectado por muitas horas seguidas. Antes de desligar os aparelhos, certifique-se de estar desconectado das redes
- Verifique a segurança dos sites que visita. Antes de inserir informações sensíveis no endereço eletrônico, verifique se o mesmo utiliza o protocolo HTTPS
- Preste muita atenção ao conteúdo baixado, principalmente se for software. Pode conter vírus que danificarão sua máquina
- Evite postar fotos em excesso e em situações íntimas nas redes sociais
- Bloqueie o acesso de suas fotos para o público em geral
- Só adicione em seu perfil pessoas que você tem certeza que conhece pessoalmente. Nunca inclua desconhecidos nos contatos

Estados que apresentam o maior índice de cybercrimes

Como denunciar os cybercrimes:

Polícia Federal: ● www.pf.gov.br ● Disque 100 | ☎ **Disque-denúncia:** ● 3421-9595 ● 190

(Disponível em: https://jc.ne10.uol.com.br/canal/cidades/geral/noticia/2014/08/06/saiba-como-evitar-os-crimes-virtuais-138960.php. Acesso em: 21/3/2021.)

11. O infográfico publicado pelo *Jornal do Commercio* tem a finalidade de:

   a) divulgar os crimes cibernéticos.

   b) descrever como os crimes digitais ocorrem no universo digital.

   c) alertar e orientar os internautas sobre crimes cibernéticos.

   d) amedrontar os usuários das redes sociais a respeito de crimes que podem estar cometendo sem saber.

12. O público-alvo dessa notícia são:

   a) quaisquer usuários da internet.

   b) principalmente adolescentes sem experiência.

   c) somente adultos que fazem compras pela internet.

   d) pessoas vulneráveis a crimes de ódio.

13. De acordo com o infográfico, os crimes cibernéticos têm sido mais frequentes no país:

   a) na região Norte.

   b) na região Sul.

   c) na região Nordeste.

   d) na região Sudeste.

14. Marque a alternativa **incorreta** a respeito do infográfico.

   a) A organização dos crimes mais importantes em sequência, com apoio de imagens e esquema, contribui para informar de forma didática.

   b) O emprego de formas verbais no imperativo (mantenha, opte, não forneça, etc.) comprova o aspecto instrucional do texto.

   c) Outros ícones do infográfico — a lupa, o monitor com a letra **X**, a caveira — contribuem para apresentar as informações do texto.

   d) A parte verbal do infográfico se dirige diretamente aos criminosos cibernéticos, daí o emprego de verbos em 3ª pessoa.

Capítulo 4

Brasil desigual

Este é um país riquíssimo em sua enorme diversidade no campo da música, da dança, da gastronomia, das religiões, das belezas naturais... Mas também é um país em que há preconceito e discriminação por causa da cor da pele, do gênero, do nível social. Como podemos tornar este país mais unido e justo?

Leia o texto:

> Desde o Nordeste até o leste de Minas Gerais, onde ficam o rio Doce e a reserva indígena das famílias Krenak, e também na Amazônia, na fronteira do Brasil com o Peru e a Bolívia, no Alto Rio Negro, em todos esses lugares as nossas famílias estão passando por um momento de tensão nas relações políticas entre o Estado brasileiro e as sociedades indígenas.
>
> Essa tensão não é de agora, mas se agravou com as recentes mudanças políticas introduzidas na vida do povo brasileiro, que estão atingindo de forma intensa centenas de comunidades indígenas que nas últimas décadas vêm insistindo para que o governo cumpra seu dever constitucional de assegurar os direitos desses grupos nos seus locais de origem, identificados no arranjo jurídico do país como terras indígenas.

Não sei se todos conhecem as terminologias referentes à relação dos povos indígenas com os lugares onde vivem ou as atribuições que o Estado brasileiro tem dado a esses territórios ao longo da nossa história. Desde os tempos coloniais, a questão do que fazer com a parte da população que sobreviveu aos trágicos primeiros encontros entre os dominadores europeus e os povos que viviam onde hoje chamamos, de maneira muito reduzida, de terras indígenas, levou a uma relação muito equivocada entre o Estado e essas comunidades.

É claro que durante esses anos nós deixamos de ser colônia para constituir o Estado brasileiro e entramos no século XXI, quando a maior parte das previsões apostava que as populações indígenas não sobreviveriam à ocupação do território, pelo menos não mantendo formas próprias de organização, capazes de gerir suas vidas. Isso porque a máquina estatal atua para desfazer as formas de organização das nossas sociedades, buscando uma integração entre essas populações e o conjunto da sociedade brasileira.

O dilema político que ficou para as nossas comunidades que sobreviveram ao século XX é ainda hoje precisar disputar os últimos redutos onde a natureza é próspera, onde podemos suprir as nossas necessidades alimentares e de moradia, e onde sobrevivem os modos que cada uma dessas pequenas sociedades tem de se manter no tempo, dando conta de si mesmas sem criar uma dependência excessiva do Estado.

O rio Doce, que nós, os Krenak, chamamos de Watu, nosso avô, é uma pessoa, não um recurso, como dizem os economistas. Ele não é algo de que alguém possa se apropriar; é uma parte da nossa construção como coletivo que habita um lugar específico, onde fomos gradualmente confinados pelo governo para podermos viver e reproduzir as nossas formas de organização (com toda essa pressão externa).

Falar sobre a relação entre o Estado brasileiro e as sociedades indígenas a partir do exemplo do povo Krenak surgiu como uma inspiração, para contar a quem não sabe o que acontece hoje no Brasil com essas comunidades — estimadas em cerca de 250 povos e aproximadamente 900 mil pessoas, população menor do que a de grandes cidades brasileiras.

O que está na base da história do nosso país, que continua a ser incapaz de acolher os seus habitantes originais — sempre recorrendo a práticas desumanas para promover mudanças em formas de vida que essas populações conseguiram manter por muito tempo, mesmo sob o ataque feroz das forças coloniais, que até hoje sobrevivem na mentalidade cotidiana de muitos brasileiros —, é a ideia de que os índios deveriam estar contribuindo para o sucesso de um projeto de exaustão da natureza. O Watu, esse rio que sustentou a nossa vida às margens do rio Doce, entre Minas Gerais e o Espírito Santo, numa extensão de seiscentos quilômetros, está todo coberto por um material tóxico que desceu de uma barragem de contenção de resíduos, o que nos deixou órfãos e acompanhando o rio em coma. Faz um ano e meio que esse crime — que não pode ser chamado de acidente — atingiu as novas vidas de maneira radical, nos colocando na real condição de um mundo que acabou.

Neste encontro, estamos tentando abordar o impacto que nós, humanos, causamos neste organismo vivo que é a Terra, que em algumas culturas continua sendo reconhecida como nossa mãe e provedora em amplos sentidos, não só na dimensão da subsistência e na manutenção de nossas

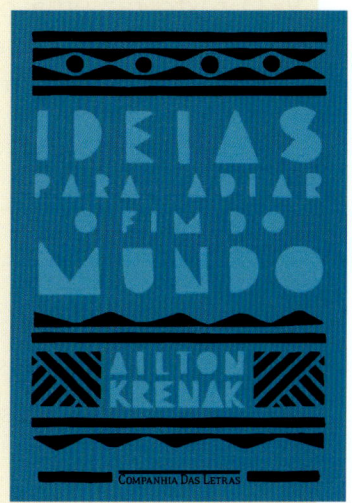

Capa do livro de Krenak.

vidas, mas também na dimensão transcendente que dá sentido à nossa existência. Em diferentes lugares do mundo, nos afastamos de uma maneira tão radical dos lugares de origem que o trânsito dos povos já nem é percebido. Atravessamos continentes como se estivéssemos indo ali ao lado. Se é certo que o desenvolvimento de tecnologias eficazes nos permite viajar de um lugar para outro, que as comodidades tornaram fácil a nossa movimentação pelo planeta, também é certo que essas facilidades são acompanhadas por uma perda de sentido dos nossos deslocamentos.

(Ailton Krenak. *Ideias para adiar o fim do mundo*. São Paulo: Companhia das Letras, 2019. p. 21-23.)

1. O povo indígena crenaque, do qual Ailton Krenak faz parte, situa-se em duas regiões do país, mencionadas no texto.

a) Quais são elas?

_____
_____
_____

b) De qual delas Ailton Krenak se origina e à qual se refere no texto? Justifique sua resposta.

_____
_____
_____
_____

2. O texto faz uma breve retrospectiva histórica das relações entre os indígenas e os colonizadores, inicialmente, e os indígenas e o Estado moderno, na atualidade.

a) Como essas relações sempre se caracterizaram?

_____
_____
_____

b) De acordo com a perspectiva de "progresso" dos governos, como os índios brasileiros sempre foram vistos?

_____
_____
_____

QUEM É AILTON KRENAK?

Ailton Krenak nasceu em 1953, em Itabirinha (MG). É indígena, filósofo, poeta e escritor. Ativista do movimento socioambiental e de defesa dos direitos indígenas, organizou a Aliança dos Povos da Floresta, que reúne comunidades ribeirinhas e indígenas na Amazônia. É comendador da Ordem de Mérito Cultural da Presidência da República e doutor *honoris causa* pela Universidade Federal de Juiz de Fora, em Minas Gerais.

É autor das obras *Ideias para adiar o fim do mundo*, *O amanhã não está à venda* e *A vida não é útil*.

c) Como os índios entendem a atuação dos homens brancos em relação à natureza?

3. Para o povo crenaque, o rio Doce — que eles chamam de Watu — não é apenas um rio ou um recurso natural.

a) O que representa o rio para esse povo?

b) Leia o boxe "A barragem de Mariana" e responda: Que significado teve para esse povo o desastre ambiental ocorrido em Mariana, em 2015?

A BARRAGEM DE MARIANA

Em 5/11/2015, rompeu-se uma barragem de rejeitos de mineração, em Mariana, Minas Gerais, provenientes da extração do minério de ferro.

A lama de material tóxico atingiu o rio Doce, que banha 230 municípios em seu leito, de Minas até o Estado do Espírito Santo, muitos dos quais se abasteciam da água do rio.

O rompimento dessa barragem é considerado um dos maiores desastres ambientais do mundo e, segundo os ambientalistas, os efeitos dos rejeitos no mar poderão durar até um século.

4. Releia este trecho do texto:

> "Se é certo que o desenvolvimento de tecnologias eficazes nos permite viajar de um lugar para outro, que as comodidades tornaram fácil a nossa movimentação pelo planeta, também é certo que essas facilidades são acompanhadas por uma perda de sentido dos nossos deslocamentos."

a) Que benefícios a tecnologia trouxe ao ser humano?

b) Por outro lado, que consequências negativas ela também trouxe?

5. O texto lido foi produzido por Krenak para uma palestra que proferiu na Universidade de Lisboa, em 2019, no ciclo de seminários chamado "Mostra ameríndia: Percursos do cinema indígena no Brasil", e depois foi transformado em livro. Segundo o próprio autor, qual era o objetivo do "encontro"?

_____
_____
_____

6. Discuta com os colegas e o professor as questões a seguir, ou outras que queiram incluir, relacionadas ao tema.

- Os índios brasileiros reúnem um conjunto de conhecimentos construídos durante muitos séculos. Esses conhecimentos podem ser importantes para o Brasil e para o mundo? Por quê?

- As terras indígenas, que estão demarcadas por lei, são muito cobiçadas economicamente. Na sua opinião, é importante continuar preservando essas terras? Por quê?

Palavras em contexto

1 Sobre o trecho "um lugar específico, onde fomos gradualmente **confinados** pelo governo", responda: Qual é o sentido da palavra **confinados** no contexto?

_____
_____
_____

2 Na frase "o que nos deixou órfãos e acompanhando o rio em coma", há uma figura de linguagem conhecida como **personificação** ou **prosopopeia**. Explique em que ela consiste.

_____
_____
_____

3 O autor faz uma distinção entre o termo **acidente** e a expressão **crime ambiental**. Qual é a diferença semântica entre eles?

_____
_____
_____

Texto e intertexto

Leia a crônica de Antonio Prata.

Programa de índio

Depois de uma longa e complexa explicação, meu amigo antropólogo conseguiu fazer com que o taxista finalmente entendesse sua profissão, dizendo: "Trabalho com índios". O motorista então perguntou, interessado: "E aí, eles estão melhorando?". Meu amigo não entendeu. "Como assim, melhorando?" "Assim, evoluindo: ou ainda estão naquele atraso da época do descobrimento?"

Infelizmente, a maioria das pessoas pensa como o taxista. Como se numa suposta corrida, nós, descendentes da cultura europeia e pertencentes a esse negócio chamado "civilização ambiental", com telescópios que vasculham o espaço, computadores que calculam as equações mais cabeludas e pastas de dente com flúor e partículas maxi-fresh-plus que combatem o tártaro, estivéssemos na frente dos "índios", com suas crenças, mandiocas e tigelas de barro. Só que não tem corrida nenhuma, e os conceitos de frente e trás desaparecem no ar, como a fumaça que sai dos escapamentos dos carros ou do cachimbo do pajé.

Claro que, se formos comparar o conhecimento técnico ou o domínio sobre a natureza, nossa sociedade é muito mais desenvolvida do que a dos Tupinambá. Nós fazemos foguetes que vão à Lua e hidroelétricas que produzem energia, eles nem sequer fundem metais. Por que então não podemos dizer que somos "mais evoluídos"? Porque não está escrito em lugar nenhum que o objetivo do homem na Terra é desenvolver-se tecnicamente e dominar a natureza. Se pensarmos que "evolução" é chegar o mais perto possível de uma sociedade igualitária, então nós somos um fiasco, com milhões de pessoas vivendo na miséria. Os Yanomami, o auge da evolução.

Não quero, de maneira nenhuma, passar a falsa ideia de que nós somos maus e os índios bonzinhos. Eles também fazem guerra e matam uns aos outros, assim como os povos mais "civilizados". O que estou dizendo é que, se a vida não tem um sentido (seja obedecer a Deus, construir robôs ou buscar a forma perfeita), viver seminu na selva louvando o grande Deus da jaca é tão evoluído ou idiota quanto correr de Nike Air numa esteira contando as calorias.

Meu amigo, no entanto, ficou com preguiça e simplesmente respondeu ao taxista: "Não melhoraram nada, estão iguaizinhos". O taxista moveu a cabeça de um lado para o outro, triste, e, parado num trânsito de 137 quilômetros, 30 quilos acima do peso, fumando excessivamente e casado com uma mulher que não o ama, falou: "Coitados".

(*Adulterado*: crônicas. São Paulo: Moderna, 2009. p. 123-124.)

1 O narrador relata um episódio ocorrido entre um taxista e um passageiro, amigo do narrador.

a) O que o antropólogo não conseguia explicar ao taxista?

_____
_____

b) Qual era a curiosidade do taxista?

_____
_____

c) O que as palavras **melhorou** e **evoluiu** revelam sobre a visão do taxista a respeito dos índios?

_____
_____
_____

2 Partindo desse relato, o narrador faz algumas considerações a respeito das diferenças entre os indígenas e a civilização ocidental.

a) Para ele, por que a palavra **evolução** não é adequada para tratar das diferenças entre esses povos?

_____
_____
_____
_____
_____
_____

b) Que argumento o narrador utiliza para fundamentar seu ponto de vista?

_____
_____
_____

c) Que outro argumento o narrador utiliza para demonstrar um ponto de vista diferente sobre "evolução"?

_____
_____
_____
_____

3 Releia este trecho:

"Meu amigo, no entanto, ficou com preguiça e simplesmente respondeu ao taxista: 'Não melhoraram nada, estão iguaizinhos'. O taxista moveu a cabeça de um lado para o outro, triste, e, parado num trânsito de 137 quilômetros, 30 quilos acima do peso, fumando excessivamente e casado com uma mulher que não o ama, falou: 'Coitados'."

a) O que significa ele ter ficado com "preguiça"?

b) O que sugere a expressão corporal do taxista em mover a cabeça de um lado para o outro, triste?

4 No final do texto, o narrador tece uma ironia com a palavra **coitado**. Explique o duplo sentido dessa palavra.

5 O título do texto é "Programa de índio".

a) No português coloquial, qual é o sentido dessa expressão?

b) E qual é o sentido dessa expressão no contexto?

6 O que você entende por "um ser evoluído"?

7 Compare o texto de Ailton Krenak com o texto de Antonio Prata.

   a) O que há em comum entre eles?

   b) O que há de diferente entre eles?

Exercícios

Leia o cartum de Angeli e responda às questões 1 a 3.

(Disponível em: https://www.angelimatador.com/. Acesso em: 21/3/2021.)

1. Um dos temas abordados pelo cartum é:

   a) o trabalhador rural e seus problemas econômicos.

   b) a mortalidade infantil em classes menos favorecidas.

   c) a situação precária dos cemitérios nas grandes cidades.

   d) o saneamento básico nos aglomerados urbanos.

2. A finalidade do cartum é de, por meio do humor:

   a) satirizar a situação precária dos moradores de baixa renda, que são levados à morte por causa da miséria.

   b) expor a situação de moradores urbanos, de classe média, que a cada dia perdem o poder de compra.

   c) criticar a falta de espaço nos grandes centros urbanos.

   d) criticar uma realidade que abrange milhares de brasileiros em situação de vulnerabilidade.

3. O cartum também aponta:

a) o preconceito existente no país contra os mais pobres.

b) a vulnerabilidade dos negros do país, que formam a maioria pobre.

c) o desrespeito para com os negros em relação à saúde e à educação.

d) a indiferença da sociedade em relação à morte dos mais pobres.

Leia o texto a seguir e responda às questões 4 a 6.

Pandemia revela desigualdades raciais, diz estudo.

Análise mostra que, depois de chegar ao país com viajantes das classes média e alta, o vírus se disseminou de modo a afetar mais a população negra

Análise publicada em forma de ensaio científico nos Cadernos de Saúde Pública da Fundação Oswaldo Cruz (Fiocruz) e assinado por pesquisadoras de unidades da fundação e do Núcleo de Pesquisas Urbanas da Universidade do Estado do Rio de Janeiro (Uerj) diz que a desigualdade no acesso a direitos básicos como saúde, saneamento e trabalho tornou a população negra e periférica mais vulnerável à pandemia no Brasil de Covid-19, desmentindo ideia inicial de que as consequências da doença seriam igualmente sentidas na sociedade.

[...]

"Ocorre que a realidade da classe trabalhadora de baixa renda, majoritariamente negra e moradora de territórios vulnerabilizados, é outra. São predominantemente trabalhadores precarizados, que não têm o privilégio de ficar em casa, em regime de trabalho remoto; que utilizam os transportes públicos superlotados; têm acesso precário ao saneamento básico; e estão na linha de frente do atendimento ao público no setor de serviços, incluindo os de saúde", descreve o ensaio.

Como resultado desse quadro, a análise mostra que, depois de chegar ao país com viajantes das classes média e alta, o vírus se disseminou de modo a afetar mais a população negra. Na Semana Epidemiológica 15 (4 a 10 de abril), a população branca representava 73% das internações e 62,9% dos óbitos. Cerca de um mês e meio depois, na Semana

Epidemiológica 21, os dados mostram proporções semelhantes de brancos e negros em relação às hospitalizações. Nos óbitos, entretanto, a população negra passa a representar 57%, enquanto a branca representa 41%.

O ensaio alerta que o fato de a proporção de negros ser mais expressiva entre os óbitos que entre as hospitalizações "reforça a análise sobre a dificuldade de acesso dessa população aos serviços de saúde, principalmente os de maior complexidade, como os leitos de cuidados intensivos". Além disso, a pesquisa também aponta que há um alto percentual de ausência de registro de raça e cor nos casos confirmados e óbitos por Covid-19, apesar de a Portaria nº 344 de 2017 do Ministério da Saúde determinar que essa informação deve ser preenchida obrigatoriamente nos atendimentos em serviços de saúde. "A ausência do registro dessa variável também revela o racismo, nos moldes institucionais, pois impede que vejamos a verdadeira magnitude da exclusão da população negra".

(Disponível em: https://veja.abril.com.br/brasil/pandemia-revela-desigualdades-raciais-diz-estudo/. Acesso em: 23/3/2021.)

4. Segundo dados, a população negra e periférica foi a mais atingida na pandemia do coronavírus, em 2020-2021. As causas foram:

a) trabalho remoto e trabalho na linha de frente dos serviços públicos.

b) acesso ao saneamento básico e o trabalho na linha de frente dos hospitais públicos.

c) acesso precário ao saneamento básico, utilização de transporte público superlotado, atuação na linha de frente em hospitais, falta de acesso à saúde de qualidade.

d) população acometida de grande número de comorbidades, ou seja, doenças preexistentes que facilitam a contaminação pelo vírus.

5. O vírus da covid-19 iniciou o contágio pelas classes A e B e afetou, paulatinamente, a população mais carente e negra do país. Segundo a pesquisa, a porcentagem:

a) de negros e brancos, desde o início da pandemia, mostrou-se estável.

b) de negros mortos é inferior à de brancos e pardos.

c) de mortes de brancos ainda é muito superior à de mortes de pardos e negros.

d) de negros mortos pode ser maior do que o declarado, pois houve falha no preenchimento dos registros.

6. O tema central da notícia é:

a) brancos têm privilégios em trabalhos remotos e não utilizam transportes superlotados.

b) a pandemia evidenciou ainda mais a desigualdade racial já existente no país.

c) brancos e negros fazem parte de uma população vulnerável no Brasil.

d) negros não têm acesso a saúde de qualidade.

Leia o infográfico a seguir e responda às questões 7 a 9.

(Disponível em: https://www.dicasdemulher.com.br/desigualdade-de-genero. Acesso em: 21/3/2021.)

7. O infográfico mostra que:

a) a desigualdade entre homens e mulheres no Brasil tem melhorado.

b) na América Latina, a posição do Brasil em desigualdade de gênero é razoável.

c) a desigualdade de gênero no Brasil encontra-se estável.

d) a desigualdade de gênero em nosso país tem piorado nos últimos anos.

8. A segunda parte do infográfico, "Representatividade na política", informa que:

   a) a participação política da mulher é pouco valorizada no país.

   b) há igualdade de gênero no Brasil em relação à política.

   c) existem poucas diferenças, em relação à política, entre homens e mulheres.

   d) a participação do homem é pouco valorizada no universo da política.

9. A respeito do infográfico, marque a alternativa **incorreta**:

   a) Na Câmara dos Deputados, as mulheres têm uma participação muito pequena.

   b) No *ranking* mundial, a igualdade entre homens e mulheres na política brasileira é uma das piores do mundo.

   c) Entre 192 países, a 152ª posição, ocupada pelo Brasil no *ranking* da desigualdade de gênero na política, representa uma posição acima da média.

   d) Em toda a América Latina, o Brasil é o país que apresenta os piores resultados quanto à igualdade entre homens e mulheres.

Leia o texto a seguir e responda às questões 10 a 13.

Dia 21 de março — Dia Internacional Contra a Discriminação Racial

O Dia Internacional contra a Discriminação Racial é celebrado anualmente em 21 de março, para lembrar o assassinato de mais de sessenta pessoas em Johanesburgo, na África do Sul, durante uma passeata pacífica, contra uma medida que proibia a circulação de pessoas negras em determinados espaços da cidade.

Reconhecendo a força simbólica do 21 de março, a Comissão de Promoção da Igualdade Racial da OAB-PE vem enfatizar a importância da data que reforça a luta contra o preconceito racial em todo o mundo.

Ressaltamos, ainda, que a discriminação implica categorizar pessoas a partir de uma característica, impondo-lhes tratamento desvantajoso a partir de um julgamento próprio ou construído socialmente.

No Brasil, apesar das diversas tentativas da população negra em criminalizar o racismo, desde o período colonial, a luta contra a discriminação racial só começou a se intensificar após a Constituição Federal de 1988, que reconheceu a gravidade do crime de racismo, tornando-o inafiançável e imprescritível.

> Contudo, ainda se faz necessário um tratamento mais rigoroso do poder judiciário sobre as práticas discriminatórias que acabam colocando a população negra em espaços de vulnerabilidade social, expostas à violência cotidiana provocada pelo racismo estrutural, que permeia os ambientes escolares, acadêmicos e o mercado de trabalho.
>
> O racismo é uma realidade dura, que impede a inclusão e o reconhecimento social. E se há um direito fundamental que tutela a dignidade da pessoa humana é o direito à igualdade como reconhecimento. Eis uma luta que ainda está longe de ser vencida. Por essa razão a OAB/PE, por meio da sua comissão de igualdade racial, reafirma seu compromisso de participar ativamente desse processo, pois o combate à discriminação racial é um imperativo de justiça.
>
> (Disponível em: https://oabpe.org.br/21-de-marco-dia-internacional-contra-a-discriminacao-racial-2/. Acesso em: 22/3/2021.)

10. O texto foi produzido e divulgado pela Ordem dos Advogados do Brasil (OAB) de Pernambuco. O objetivo principal do texto é:

a) reiterar o compromisso da entidade de lutar contra o racismo no Brasil.

b) solidarizar-se com os negros sul-africanos, que combatem o preconceito racial.

c) externar solidariedade aos negros que historicamente foram vítimas da discriminação.

d) descrever as práticas racistas existentes no Brasil e no mundo.

11. O dia 21 de março — Dia Internacional Contra a Discriminação Racial — representa:

a) uma data comemorativa da África do Sul.

b) a comemoração da Constituição Federal de 1988.

c) um marco e um símbolo da luta contra o racismo no mundo.

d) o racismo estrutural, que permeia os ambientes escolares, acadêmicos e o mercado de trabalho.

12. Segundo o texto, a discriminação é causada:

a) pela violência urbana.

b) pelo racismo estrutural.

c) pelos ambientes de trabalho.

d) em ambientes escolares.

13. Releia o trecho:

> "[...] ainda se faz necessário um tratamento mais rigoroso do poder judiciário sobre as práticas discriminatórias que acabam colocando a população negra em espaços de vulnerabilidade social, expostas à violência cotidiana provocada pelo racismo estrutural, que permeia os ambientes escolares, acadêmicos e o mercado de trabalho."

A Constituição Federal de 1988 reconheceu a gravidade do crime de racismo, tornando-o inafiançável e imprescritível. Porém a justiça:

a) é falha, pois ainda há muitas práticas discriminatórias em vários setores da sociedade.

b) não acata as leis da Constituição Federal de 1988 por considerá-las ultrapassadas.

c) acata algumas práticas discriminatórias, desde que ocorram em ambientes escolares, acadêmicos ou no mercado de trabalho.

d) é extremamente rigorosa em punir toda e qualquer discriminação racial em ambientes sociais.

Leia a tira a seguir e responda às questões 14 e 15.

(Disponível em: https://tirasarmandinho.tumblr.com/. Acesso em: 22/3/2021.)

14. Deduza: No segundo quadrinho, quem fala em nome de "muitos povos e culturas" é (são):

a) um branco, pois representa, aproximadamente, 200 milhões de brasileiros falantes que vivem dentro e fora do Brasil.

b) um negro, pois a influência africana na formação da língua portuguesa foi muito grande, em virtude de várias línguas africanas terem sido trazidas ao Brasil pelos negros.

c) negros e indígenas, que fazem parte da miscigenação brasileira e não têm voz no país.

d) um indígena, que representa diferentes nações indígenas, com enorme diversidade cultural e linguística.

15. A invisibilidade desses povos demonstra que, em nosso país, há:

a) discriminação em relação à participação das minorias.

b) equiparação de direitos entre os grupos étnicos que formam o povo brasileiro.

c) omissão política dos povos que formam o povo brasileiro.

d) pouca participação das camadas mais humildes e vulneráveis da população, sobretudo dos negros.

Capítulo 5

Consumo consciente

Quando não queremos mais uma roupa usada, compramos uma nova e jogamos a velha no lixo. E o mesmo fazemos com computadores, brinquedos, móveis, eletrodomésticos, livros, objetos variados... Às vezes, compramos porque é necessário; às vezes, por puro prazer.

Leia o texto:

Impulsionado pela pandemia, consumo consciente ganha espaço

Compras de produtos sem procedência e supérfluos estão perdendo a vez na vida das pessoas, e isso pode ser bom para toda a sociedade...

OPÇÃO CONSCIENTE POR MATERIAL TOTALMENTE ORGÂNICO — Uma nova forma de consumir está em ascensão.

Os novos hábitos, impulsionados pela pandemia, insista-se, aceleraram uma atitude cada vez mais visível no século XXI: o consumo consciente. "Será que preciso mesmo de tantas roupas?", começaram a se questionar as pessoas, trabalhando de bermuda e chinelos, remotamente, em casa. Outras tantas, desempregadas ou com a renda reduzida, tiveram de conter suas tentações e gastar apenas o necessário. O minimalismo está se consolidando até mesmo entre fornecedores — com recursos limitados, vender muito deixou de ser a meta hegemônica das empresas, como era no passado. Na decisão de compra, a busca das sociedades evoluídas será agora por equilíbrio entre satisfação pessoal e compromissos ambientais, sociais e financeiros.

Consumo consciente não é o mesmo que voto de pobreza. Na verdade, em muitos casos, o cliente aceita pagar mais caro para apoiar a marca que respeita uma causa importante para ele: preservação de florestas, bem-estar animal e reversão de parte da renda para causas sociais, apenas para citar alguns exemplos. A ascensão de brechós virtuais é outro sinal de comportamento que atende tanto a uma necessidade quanto a um desejo. Pesquisa realizada em 2020 pelo Instituto Akatu, que mobiliza a sociedade para o consumo consciente, mostrou que mais de 70% dos consumidores, principalmente os mais jovens, querem que a iniciativa privada pare de agredir o meio ambiente e estabeleça metas para tornar o mundo melhor.

Algumas marcas acabam fazendo uso desse engajamento de uma forma até mesmo polêmica, como foi o caso da fabricante californiana de roupas Patagonia, que anos atrás lançou uma campanha com o slogan "Não compre esta jaqueta". Entre a hipocrisia e o real posicionamento da empresa quanto a causas socioambientais, venceu a crença dos clientes na marca: eles compraram do mesmo jeito e, ao que tudo indica, bem cientes do que estavam fazendo. De todo modo, a Patagonia tornou-se referência do consumo da nova era.

POR UM MUNDO MELHOR

Os preceitos básicos do consumo consciente

Não seja impulsivo, planeje suas compras e reflita sobre o que é realmente necessário

Avalie os impactos da compra: leve em consideração o meio ambiente e o apoio a toda a cadeia de trabalho

Não compre produtos piratas

Não olhe apenas preço ou qualidade: pesquise e dê preferência às marcas com maior responsabilidade social

Recicle o lixo, doe roupas e, se possível, conserte seus produtos

Valorize as empresas conscientes

Fontes: Capitalismo Consciente e Instituto Akatu

"Consciência e lucro não são excludentes. Empresas engajadas atraem clientes fiéis, o que gera mais retorno para seus acionistas a longo prazo", afirma Hugo Bethlem, presidente do Instituto do Capitalismo Consciente Brasil, que em 2020 viu dobrar o número de associados, incluindo gigantes como Magazine Luiza e Natura. Na mesma medida, companhias que insistem em ir na contramão da história — explorando funcionários, sendo coniventes com discriminação e destruindo a natureza — podem ser alvo de buycott, neologismo que mescla palavras em inglês e significa "boicote de compra". Essa ação bloqueadora acabou, por vezes, ingressando no território de causas menos nobres, como vingança política por parte de grupos sectários em todo o espectro ideológico, no Brasil e em diversos países.

No mundo real, nos assuntos que realmente importam à sociedade, os exemplos de boas práticas por parte das grandes corporações têm se multiplicado. A anglo-holandesa Unilever, maior companhia de bens de consumo do planeta, comprometeu-se a reduzir pela metade o uso de plástico virgem em suas embalagens e excluir do processo mais de 100 000 toneladas de plástico até 2025. "É crucial que toda a indústria faça uma transição rápida para a economia circular", afirmou o CEO da Unilever, Alan Jope. Na linha de pensamento de Bethlem, nunca a felicidade do consumidor final pode se dar à custa do sofrimento de outra parte da cadeia, sejam pessoas, animais ou o meio ambiente. O plástico é uma das maiores ameaças ao ecossistema, pois demora muitos anos para se decompor — os oceanos estão poluídos com 150 milhões de toneladas do material.

O Brasil também vem ganhando protagonismo no consumo consciente. Grandes redes varejistas e processadores de proteína estão trabalhando para banir, até o fim desta década, a venda de carne suína e de ovos de galinhas oriundos de animais criados em torturantes celas de gestação e gaiolas. O Banco do Brasil, uma instituição financeira bicentenária e fundamental no desenvolvimento do agronegócio, foi considerado a nona empresa mais sustentável do mundo, de acordo com o ranking Global 100, da Corporate Knights, em razão de seus investimentos em economia verde, redução da emissão de carbono e inclusão social. Conscientizar significa adquirir conhecimento: saber o que se está fazendo. Quando a consciência agrega moral e ética, a sociedade melhora e é mais feliz.

(*Veja*, 13/1/2021, ed. 2720.)

1 ▪ Segundo o texto, a pandemia que assolou o mundo entre 2020 e 2021 estimulou uma importante reflexão.

a) Qual é a reflexão?

b) O número de consumidores que buscam o consumo consciente é representativo? Qual é a faixa etária desse grupo?

2. O consumidor consciente também está atento às políticas das empresas.

   a) Para o novo consumidor, o que é uma gestão empresarial ultrapassada?

   _____
   _____

   b) Que posicionamento esse novo consumidor espera que as empresas tenham em relação ao futuro do mundo e da sociedade?

   _____
   _____

3. Durante a pandemia, ganhou força a tendência **minimalista**. Leia o boxe "O que é minimalismo?" e responda:

   a) Por que os consumidores aprenderam a consumir menos e a valorizar mais o que podem consumir?

   _____
   _____
   _____
   _____

   b) Quanto aos fornecedores, por que eles também adotaram a tendência minimalista?

   _____
   _____
   _____
   _____

4. Segundo o autor do texto, Hugo Bethlem, "consciência e lucro não são excludentes".

   a) Que benefícios podem ter as empresas engajadas num projeto de consumo consciente?

   _____
   _____
   _____

   b) Que consequências negativas poderão ter as empresas que continuarem com a mentalidade de exploração de pessoas, animais e não preservação da natureza?

   _____
   _____

O QUE É MINIMALISMO?

Minimalismo é um estilo de vida que propõe reduzir o consumo ao estritamente necessário e buscar uma vida mais simples. Critica o consumismo desenfreado e inconsciente e busca felicidade e realização pessoal naquilo que o consumo não pode comprar.

Os documentários *Minimalismo: um documentário sobre as coisas* e *Minimalismo já*, de Matt D´Avella, disponíveis em plataforma de *streaming*, retratam o movimento.

5. Releia este trecho:

> "Quando a consciência agrega moral e ética, a sociedade melhora e é mais feliz."

a) Que exemplo é citado, no texto, de empresa estrangeira que emprega boas práticas?

b) Que benefício esse exemplo trará para o meio ambiente?

c) Que iniciativas semelhantes vêm sendo tomadas no Brasil?

6. Na lateral do texto, há alguns "preceitos básicos do consumo consciente". Qual é o papel desses preceitos?

7. Discuta com os colegas e o professor as questões a seguir ou outras relacionadas ao tema que queiram incluir.

- Você concorda que o consumo consciente gera uma sociedade melhor?
- Que outras práticas, éticas e morais, podem ser adotadas para melhorar o nosso planeta?
- Ser minimalista não é viver com pouco, mas viver com o que é necessário e importante. Quem adota o estilo de vida minimalista é desapegado de bens materiais. Você conseguiria viver com o que é apenas necessário?

Palavras em contexto

1 Na frase "Consumo consciente não é o mesmo que voto de pobreza", qual é o sentido da expressão **voto de pobreza**?

_____

2 O texto se refere ao **buycott**, uma fusão da palavra **buy** (compra), do inglês, com a palavra **boicote** (veto, recusa). Logo, qual é o sentido da palavra **buycott**?

_____
_____
_____

3 Na frase: "Será que preciso mesmo de tantas roupas?":

a) Além do ponto de interrogação, que palavras são responsáveis pela dúvida expressa na frase?

_____

b) Por que essa frase foi escrita entre aspas?

_____
_____

Texto e intertexto

Leia o texto a seguir.

Um dos desafios para os próximos anos é conquistar a Geração Z — jovens que se diferenciam dos *millennials* em seus valores e formas de consumo. Confira no infográfico as principais características desse público!

QUEM SÃO

Jovens
nascidos entre 1995 e 2010

Nativos digitais

32%
da população mundial

20%
do público brasileiro

Seus valores
incluem liberdade, comunidade e individualidade.

GERAÇÃO VERDADE

Integrantes da Geração Z buscam resolver conflitos e transformar o mundo por meio do diálogo — o que também se reflete em seus hábitos de consumo.

39%
esperam que empresas respondam a reclamações no mesmo dia em que foram feitas

65%
procuram saber a origem do que consomem

70%
tentam comprar em empresas que consideram éticas

80%
se recusam a comprar de empresas envolvidas em escândalos

63%
confiam na recomendação de amigos sobre marcas e produtos

O PODER DOS INFLUENCIADORES

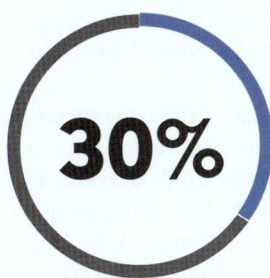
30% seguem vários influenciadores nas redes sociais

52% confiam na recomendação de influencers

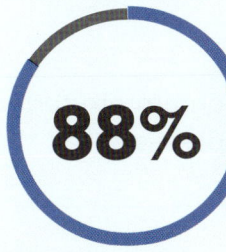
88% dizem que é importante que os influenciadores sejam autênticos e genuínos sobre seus interesses

PLATAFORMAS FAVORITAS

96% Youtube

74% Instagram

80% dos jovens disseram usar o Youtube para aprender e desenvolver alguma habilidade

UMA NOVA FORMA DE CONSUMIR

A Geração Z se relaciona de forma diferente com o consumo. Ao pensar em estratégias de marketing para esse público, é preciso manter em mente seus principais valores — a autenticidade, a influência e a predominância do vídeo. Além disso, mostrar preocupação com a forma de produção e a segurança de informações pessoais são outros fatores que chamam atenção.

Fontes: Época Negócios, Morning Consult, McKinsey&Company, Think With Google

(Disponível em: http://www.iinterativa.com.br/infografico-geracao-consumo/. Acesso em: 23/3/2021.)

1 A geração Z surgiu a partir de meados da década de 1990.

a) Faça as contas: Quantos anos essas pessoas têm hoje?
___

b) Esses jovens representam qual porcentagem da população mundial?
___

c) E representam qual porcentagem da população brasileira?
___

d) O que esses percentuais representam em termos de consumo e de negócios para as empresas?
___

> **QUEM SÃO OS INTEGRANTES DA GERAÇÃO X, DOS *MILLENNIALS* E DA GERAÇÃO Z?**
>
> A geração X são as pessoas que nasceram entre as décadas de 1960 e 1970. Os *millennials* ou geração Y são as pessoas nascidas na década de 1980 até meados da década de 1990. Já a geração Z são as pessoas que nasceram a partir de meados da década de 1990 até 2010, ou seja, os nativos digitais.
>
> As duas últimas gerações são superconectadas e valorizam bastante a tecnologia. Porém, há entre elas diferenças quanto ao modo como veem o trabalho e o consumo e quanto à expectativa de vida.

2 Releia o infográfico "Geração verdade".

a) Quais são os critérios de compra mais adotados pelos consumidores dessa geração?
___

b) Levante hipóteses: O que essas preferências representam para as empresas e para o mercado?
___

3 Em relação ao perfil da geração Z, indique as assertivas verdadeiras.

I. São jovens que buscam aprender algo novo e desenvolver habilidades diversas por meio da internet.

II. Cobram autenticidade de seus influenciadores.

III. Manifestam preocupação com a produção e a segurança de informações pessoais.

IV. Quanto ao consumo, se relacionam da mesma forma que a geração *millennials*.

V. Têm como valores a liberdade, a individualidade e a comunidade.

Estão corretas as alternativas:

a) I, II.

b) I, II, III.

c) I, II, III, V.

d) II, IV, V.

4 Segundo o texto, as estratégias de *marketing* direcionadas ao público da geração Z precisam ser diferenciadas. Quais aspectos são fundamentais para atingir esse consumidor?

_____

5 Compare o texto "Impulsionado pela pandemia, consumo consciente ganha espaço", que você leu na abertura deste capítulo, com os infográficos do texto "Geração Z e consumo".

a) O que há de semelhante entre eles?

_____

b) O que há de diferente entre eles?

_____

Exercícios

Leia este meme que circula na internet e responda às questões 1 e 2:

(Disponível em: https://www.facebook.com/memesdahoraofc/. Acesso em: 22/3/2021.)

1. A expressão facial do gato sugere que ele é um consumidor:

   a) paciente, pois espera seu produto tranquilamente na varanda.

   b) ansioso, pois já está na varanda, olhando se o produto está chegando.

   c) irritado, pois supõe que seu produto vai atrasar.

   d) indiferente, pois não tem pressa de receber o produto.

2. O humor do meme está no fato:

   a) de o gato representar o comportamento de alguns consumidores, identificados pelo pronome **eu**.

   b) de o gato fazer compras pelo *site* e agir como se fosse um ser humano.

   c) de o gato se mostrar ansioso pela chegada da compra.

   d) de o gato esperar sua compra na varanda.

Leia o texto a seguir e responda às questões 3 a 6.

Aprenda como 'destralhar'

[...]
Princípio básico para uso, reúso e descarte sustentável de objetos

Manter

- Usar aquilo que tem algum valor e função.
- Ressignificar é dar um novo uso para um determinado objeto e enxergá-lo sob uma outra perspectiva. Criar e dar uma nova possibilidade para um produto que foi adquirido para cumprir uma função específica.

Reaproveitar

- Consertar ou Restaurar algum móvel ou objeto sem uso, porque está quebrado, rasgado ou riscado, dando uma nova vida a ele para que volte a ser utilizado.
- Transformar não é apenas dar um novo uso para uma peça, mas modificar suas próprias características originais; que pode envolver desde uma mudança de cor, até a inclusão de outros elementos. Não é consertar, mas remodelar, propor um novo significado.

Descartar

- Doar é uma ação necessária quando percebemos que possuímos itens em casa que não utilizamos mais. A doação precisa ser feita de forma consciente para não nos arrependermos depois e não darmos um destino errado para essas peças. Observar se os itens estão em bom estado para que outra pessoa possa utilizar.
- Trocar mercadorias entre parentes e amigos, ou organizar uma reunião com vizinhos, dependendo da quantidade de coisas que tiver.
- Reciclar é quando descartamos algo que não funciona mais ou chegou ao fim da sua vida útil. Esses objetos e materiais devem ser descartados em lugares apropriados, principalmente no caso de materiais tóxicos.

(Disponível em: https://www.desorganizacao.com.br/tralhas-aprenda-como-destralhar/. Acesso em: 22/3/2021.)

3. O texto sugere que a pessoa:

a) seja adepta ao minimalismo para viver melhor.

b) utilize apenas objetos consertados ou transformados.

c) não acumule objetos que não utiliza.

d) utilize somente objetos que resultaram de doação, troca ou reciclagem.

4. A finalidade principal do texto é:

   a) ensinar a reciclar objetos que não são utilizados no cotidiano.

   b) ressignificar objetos para ter uma casa renovada.

   c) incentivar a sustentabilidade na vida das pessoas.

   d) transformar objetos para doar a pessoas necessitadas.

5. Doação consciente significa:

   a) doar objetos para adquirir outros novos e melhores.

   b) doar apenas objetos usados e sem função.

   c) doar objetos velhos e ultrapassados para reciclagem.

   d) doar objetos de que não necessitamos mais.

6. Exemplo de objeto ressignificado é:

   a) transformar um bule antigo num vaso para flores.

   b) costurar rasgos de uma almofada.

   c) raspar e pintar uma mesa.

   d) trocar roupas sem uso com amigos ou em brechó.

Leia este texto, contido no *site* da Fundação de Proteção e Defesa do Consumidor (Procon), e responda às questões 7 a 9:

25. Quais os cuidados que devo observar nas compras via internet?

Quando o consumidor faz uma compra via internet, fornece dados pessoais e sigilosos, tais como número do cartão de crédito e endereço para fechar o negócio. Por isso, antes de tudo, é muito importante que cuide da segurança do computador para evitar que as informações sigilosas sejam capturadas indevidamente por terceiros.

Há vários procedimentos simples para isso, como por exemplo:
- mantenha seu sistema operacional e programas atualizados;
- utilize um antivírus atualizado;
- tenha cuidado com endereços de e-mail e sites falsos que direcionam para outros locais na rede.

O consumidor deve assegurar-se, ainda, de que os responsáveis pela página e as mercadorias ofertadas são de confiança.

Os dados do responsável pelo site poderão ser consultados no endereço www.registro.br. Na página que abrirá existe o campo para digitar o endereço do site. Após a inclusão do endereço, deverá clicar em "pesquisa", depois em "mais informações" e, por fim, em "whois".

Com base nas reclamações registradas neste órgão, mantemos um cadastro, com informações dos últimos cinco anos, para consulta dos consumidores. A consulta poderá ser realizada através do nosso site, no link "Empresas Reclamadas", ou pelo telefone 151.

É importante checar também o valor das despesas com frete e taxas adicionais, que podem encarecer o produto.

Deve, ainda, exigir o cupom ou a nota fiscal e lembrar que, de acordo com a legislação vigente, a empresa tem a obrigação de apresentar outras formas de pagamento que não seja apenas cartão de crédito.

Consumada a compra, caso se arrependa, estará protegido pelo artigo 49 do Código de Defesa do Consumidor, que permite o cancelamento, no prazo máximo de 7 (sete) dias corridos, contados a partir da data da compra ou do recebimento do produto.

Estabelece o artigo:

"O consumidor pode desistir do contrato, no prazo de sete dias a contar de sua assinatura ou do ato de recebimento do produto ou serviço, sempre que a contratação de fornecimento de produtos e serviços ocorrer fora do estabelecimento comercial, especialmente por telefone ou a domicílio.

Parágrafo único. Se o consumidor exercitar o direito de arrependimento previsto neste artigo, os valores eventualmente pagos, a qualquer título, durante o prazo de reflexão, serão devolvidos, de imediato, monetariamente atualizados".

(Disponível em: https://www.procon.sp.gov.br/espaco-consumidor/. Acesso em: 22/3/2021.)

7. O texto do *site* tem como objetivo:

   a) descrever possibilidades de fraudes feitas nas compras *on-line* e presenciais.

   b) esclarecer possíveis dúvidas sobre os direitos do consumidor nas compras *on-line*.

   c) alertar o consumidor quanto à desistência da compra de produtos via internet.

   d) orientar o consumidor sobre compra segura na internet e lembrar alguns direitos do consumidor.

8. Os direitos do consumidor:

   a) em parte são garantidos por lei.

   b) dependem da leitura do fornecedor.

   c) dependem do acordo estabelecido entre o fornecedor e o cliente.

   d) são garantidos por lei.

9. É importante checar, no *site* indicado pelo Procon, se o fornecedor:

   a) devolverá o pagamento, caso o comprador não queira mais adquirir o produto.

   b) oferece nota fiscal para o consumidor.

   c) comercializa mercadorias de confiança.

   d) entrega as mercadorias no prazo estipulado.

Leia o texto do *site* Serviço Brasileiro de Apoio às Micro e Pequenas Empresas (Sebrae) e responda às questões 10 a 15.

Coronavírus: Como o consumo irá se transformar após a pandemia?

[...]

Confira algumas previsões de mudanças e possíveis tendências do mercado pós-coronavírus, e esteja atento para adaptar seu empreendimento:

Como ficarão os setores do mercado no pós-pandemia?

No momento: o segmento mais movimentado é o da **saúde, medicamentos e alimentação**. Porém, a médio prazo os setores básicos como **educação e comunicação** devem ser bastante procurados. Infelizmente os setores do **turismo e entretenimento** levarão mais tempo para terem sua retomada.

Como os consumidores irão se comportar futuramente?

É fato que os **hábitos de consumo** estão mudando bruscamente. As pessoas se tornaram muito mais seletivas e esse filtro aponta para o consumo, prioritariamente, de **itens essenciais**. Esse consumidor muito mais consciente ocasiona uma maior busca por **marcas alinhadas com seus propósitos** e clientes muito mais sensíveis contra posicionamentos incoerentes. Além disso, algumas práticas adquiridas durante a pandemia irão continuar em alta, como a busca por **serviços online** e também empresas com **delivery**.

Como minha marca poderá se adequar ao mundo pós-coronavírus?

Com os **consumidores mais exigentes**, as empresas precisarão estar mais atentas em como se posicionar diante dos consumidores. Cada vez mais a sociedade buscará marcas que apresentam **posicionamento socioambiental coerente e verdadeiro**. Também será uma realidade que as empresas invistam para se tornarem ainda mais presentes no cotidiano digital dos consumidores. O **relacionamento virtual** através de atendimento e interações é uma realidade que irá continuar entre marca e cliente. Para as empresas que contam com espaços físicos também deverão ficar atentas ao **comportamento de seus clientes**. As **medidas de prevenção radicais ao coronavírus** serão presentes ainda por um bom tempo, o que irá fazer com que as pessoas evitem lugares com aglomerações e que não demonstrem uma limpeza impecável.

(Disponível em: https://www.sebrae.com.br/sites/PortalSebrae/ufs/ce/artigos/coronavirus-como-o-consumo-ira-se-transformar-apos-a-pandemia,01539d7b2c312710VgnVCM1000004c00210aRCRD. Acesso em: 21/3/2021.)

10. O texto tem como público-alvo:

a) consumidores mais exigentes.

b) os pequenos e microempresários.

c) empresários em geral.

d) empreendedores recentes no mercado.

11. O órgão tem a finalidade, nesse contexto, de:

a) financiar empréstimos ao pequeno produtor.

b) fiscalizar as micro e pequenas empresas brasileiras no contexto da pandemia.

c) dar apoio e orientação às micro e pequenas empresas brasileiras, no contexto pós-pandemia.

d) orientar pequenas empresas quanto a aglomeração e distanciamento social durante a pandemia do coronavírus.

12. As recomendações feitas no texto são baseadas:

a) em previsões e tendências do mercado.

b) na intuição dos comerciantes.

c) em hábitos já observados em outras épocas sobre o período pós-pandemia.

d) em negociações entre empresários e consumidores.

13. A respeito da afirmação "Infelizmente os setores do **turismo e entretenimento** levarão mais tempo para terem sua retomada", é possível explicar esse comportamento do mercado porque:

a) turismo e entretenimento custam caro à maior parte da população.

b) esses setores não receberão apoio do Sebrae, uma vez que há outros setores, como a saúde, que merecem prioridade.

c) turismo e entretenimento são incompatíveis com a prática do distanciamento social, adotada durante a pandemia.

d) num contexto de doença e morte, não é ético pensar em turismo e entretenimento.

14. Segundo o Sebrae, uma nova realidade está se criando no mercado pós-pandemia; portanto, o empresário deve investir:

a) na decoração de seu ambiente, para dar maior conforto ao consumidor.

b) em lugares atraentes, que estimulem os clientes a conhecer novos produtos.

c) no relacionamento presencial, que oferece maior confiança ao consumidor.

d) no relacionamento virtual, ou seja, melhorar o atendimento e a interação virtual com seu cliente.

15. Também se mostra um bom argumento de vendas no contexto da pós-pandemia:

a) mostrar transparência nas relações comerciais com seu consumidor.

b) mostrar o compromisso da empresa com a comercialização de produtos que têm preocupação social e ambiental.

c) apoiar entidades que façam um trabalho verdadeiro de preservação do meio ambiente.

d) mostrar solidariedade da microempresa para com os setores da sociedade mais vulneráveis, duramente atingidos pela covid-19.

Capítulo 6

Faces do amor

Uma garota está perdidamente apaixonada por um colega da escola. Mas vai a uma festa e se apaixona imediatamente pelos olhos verdes de outro menino. "Afinal, o que está acontecendo comigo?", ela se pergunta, preocupada. Será que o que ela sente é apenas uma atração? Ou é paixão? Ou é amor?

Leia o texto a seguir e responda às questões propostas.

Amor, o interminável aprendizado

Criança, pensava: amor, coisa que os adultos sabem.

Via-os aos pares namorando nos portões enluarados se entrebuscando numa aflição feliz de mãos na folhagem das anáguas. Via-os noivos se comprometendo à luz da sala ante a família, ante as mobílias; via-os casados, um ancorado no corpo do outro, e pensava: amor, coisa-para-depois, um depois-adulto-aprendizado.

Se enganava.

Se enganava porque o aprendizado do amor não tem começo nem é privilégio aos adultos reservado. Sim, o amor é um interminável aprendizado.

Por isto se enganava enquanto olhava com os colegas, de dentro dos arbustos do jardim, os casais que nos portões se amavam. [...] E quando algum amante desaparecia ou se afastava, não era porque estava saciado. Isto aprenderia depois. É que fora buscar outro amor, a busca recomeçara, pois a fome de amor não sacia nunca, como ali já não se saciara.

De fato, reparando nos vizinhos, podia observar. Mesmo os casados, atrás da aparente tranquilidade, continuavam inquietos. Alguns eram mais indiscretos. A vizinha casada deu para namorar. Aquele que era um crente fiel sempre na igreja, um dia jogou tudo para cima e amigou-se com uma jovem. E a mulher que morava em frente da farmácia, tão doméstica e feliz, de repente fugiu com um boêmio, largando marido e filhos.

Então, constatou, de novo se enganara. Os adultos, mesmo os casados, embora pareçam um porto onde as naus já atracaram, os adultos, mesmo os casados, que parecem arbustos cujas raízes já se entrançaram, eles também não sabem, estão no meio

Katerina Izotova Art Lab/Shutterstock

da viagem e só eles sabem quantas tempestades enfrentaram e quantas vezes naufragaram.

Depois de folhear um, dez, centenas de corpos avulsos tentando o amor verbalizar, entrou numa biblioteca. Ali estavam as grandes paixões. Os poetas e novelistas deveriam saber das coisas. Julietas se debruçavam apunhaladas sobre o corpo morto dos Romeus. Tristãos e Isoldas tomavam o filtro do amor e ficavam condenados à traição daqueles que mais amavam e sem poderem realizar o amor.

O amor se procurava. E se encontrando, desesperava, se afastava, desencontrava.

Então, pensou: há o amor, há o desejo e há a paixão.

O desejo é assim: quer imediata e pronta realização. É indistinto. Por alguém que, de repente, se ilumina nas taças de uma festa, por alguém que de repente dobra a perna de uma maneira irresistivelmente feminina.

Já a paixão é outra coisa. O desejo não é nada pessoal. A paixão é um vendaval. Funde um no outro, é egoísta e, em muitos casos, fatal.

O amor soma desejo e paixão, é a arte das artes, é arte-final.

Mas reparou: amor às vezes coincide com a paixão, às vezes não. Amor às vezes coincide com o desejo, às vezes não.

Amor às vezes coincide com o casamento, às vezes não.

E mais complicado ainda: amor às vezes coincide com o amor, às vezes não.

Absurdo.

Como pode o amor não coincidir consigo mesmo?

Adolescente amava de um jeito. Adulto amava melhormente de outro. Quando viesse a velhice, como amaria finalmente? Há um amar dos vinte, um amor dos cinquenta e outro dos oitenta? Coisa de demente.

Não era só a estória e as estórias do seu amor. Na história universal do amor, amou-se sempre diferentemente, embora parecesse ser sempre o mesmo amor de antigamente.

Estava sempre perplexo. Olhava para os outros, olhava para si mesmo ensimesmado.

Não havia jeito. O amor era o mesmo e sempre diferenciado.

O amor se aprendia sempre, mas do amor não terminava nunca o aprendizado.

Optou por aceitar a sua ignorância.

Em matéria de amor, escolar, era um repetente conformado.

E na escola do amor declarou-se eternamente matriculado.

(Affonso Romano de Sant'Anna. *Porta de colégio e outras crônicas*. São Paulo: Ática, 1995. p. 19-21.)

QUEM É AFFONSO ROMANO DE SANT'ANNA?

Affonso Romano de Sant'Anna nasceu em Belo Horizonte (MG) em 1937. Estudou Letras na Universidade Federal de Minas Gerais e ensinou literatura em universidades do Brasil e do exterior.

Teve uma participação atuante na literatura de vanguarda dos anos 1960 e desde então tem publicado com frequência poemas e crônicas em jornais.

Autor de mais de 60 obras, dentre elas se destacam *Que país é este?*, *A mulher madura* e outros em parceria com sua esposa, também escritora, Marina Colasanti, como *O imaginário a dois*.

anágua: tipo de saia que, no passado, as mulheres usavam embaixo do vestido.

ensimesmado: voltado para dentro de si, recolhido, concentrado.

Julieta e Romeu: personagens da obra *Romeu e Julieta*, de Shakespeare.

Tristão e Isolda: personagens de uma lenda medieval cujas primeiras versões escritas datam do século XII.

1. Um narrador pode tomar uma posição aparentemente neutra diante dos fatos narrados, limitando-se a apresentá-los sem comentar, e pode também interferir na narração, apresentando comentários e opiniões a respeito dos fatos e das personagens. Observe o 3º e o 4º parágrafo do texto lido.

   a) Qual dessas posições o narrador do texto lido toma?

   _____
   _____
   _____

   b) O narrador chega a expressar nesses parágrafos seu ponto de vista sobre o amor? Se sim, qual é ele?

   _____
   _____
   _____
   _____

2. Narrado na 3ª pessoa, o texto conta uma história de aprendizagem do amor.

   a) De que modo o protagonista é identificado no texto?

   _____

   b) Portanto, o modo como o protagonista é enfocado leva a uma particularização ou a uma generalização da busca amorosa?

   _____

   c) Conclua: Quem o protagonista representa?

   _____
   _____

3. A curiosidade e o interesse do protagonista sobre o amor surgem desde a infância. Releia o 2º parágrafo do texto.

   a) Identifique nele o emprego de uma **gradação** e comente o que ela representa na trajetória amorosa dos amantes.

   _____
   _____
   _____
   _____

   b) Explique a conclusão a que o protagonista chega no trecho: "amor, coisa-para-depois, um depois-adulto-aprendizado".

   _____
   _____

4. No 7º parágrafo, o amor dos adultos é tratado de modo metafórico.

   a) Interprete as duas imagens centrais deste trecho: "embora pareçam um porto onde as naus já atracaram, os adultos, mesmo os casados, que parecem arbustos cujas raízes já se entrançaram".

   _____
   _____
   _____
   _____

   b) O que representam, na trajetória amorosa dos adultos, as tempestades e os naufrágios?

   _____
   _____

5. O protagonista, na busca de poder compreender e verbalizar o que é o amor, procura diferentes caminhos, entre eles, o amor relatado nas obras literárias.

   a) O protagonista chegou, ele próprio, a experimentar o amor por outras pessoas? Justifique sua resposta com um trecho do texto.

   _____
   _____

   b) A que conclusão chegou depois de observar o amor dos grandes amantes da literatura universal?

   _____
   _____

6. O protagonista conclui que amor, desejo e paixão são sentimentos diferentes. Observando o 10º parágrafo e os seguintes, responda:

   a) Segundo o texto, qual é a diferença entre desejo e paixão?

   _____
   _____
   _____

   b) O amor é conceituado no texto como "arte-final". Explique essa metáfora no contexto.

   _____
   _____

7. De acordo com a visão do protagonista, o amor pode ou não coincidir com o desejo, com o casamento e até com o próprio amor.

   a) Levante hipóteses: O que ocorre quando o amor não coincide com a paixão?

   _____
   _____
   _____
   _____
   _____

   b) E quando não coincide com o casamento?

   _____
   _____

   c) Em que circunstâncias o amor não coincide com ele mesmo?

   _____
   _____
   _____
   _____

8. Depois de passar a vida aprendendo sobre o amor, o protagonista, agora adulto e experiente, chega a uma conclusão.

   a) O que palavras e expressões como **absurdo**, **coisa de demente** e **perplexo** revelam sobre a opinião do protagonista acerca da lógica do amor?

   _____
   _____

   b) Qual é a verdadeira lição que o protagonista aprendeu em sua busca?

   _____
   _____

9. No texto, há uma distinção entre três tipos de sentimento: o desejo, a paixão e o amor. Discuta com o professor e os colegas:

   a) Você concorda com os conceitos do narrador? Se não, o que é para você cada um desses sentimentos?

   b) Hoje é muito comum entre os jovens o "ficar". Para você, de qual dos três tipos de sentimento o "ficar" mais se aproxima? Por quê?

Palavras em contexto

1 No texto, a linguagem é empregada de um modo especial, que cria um estilo próprio do autor. Entre as características desse estilo, destacam-se a síntese e as inversões.

a) A expressão **Criança, pensava**, do 1º parágrafo, é bastante sintética. Como ela poderia ser desenvolvida?

_____
_____

b) Os enunciados a seguir apresentam inversões. Qual seria a forma direta deles?

> "Se enganava porque o aprendizado do amor não tem começo nem é privilégio aos adultos reservado."

_____
_____

> "Depois de folhear um, dez, centenas de corpos avulsos tentando o amor verbalizar, entrou numa biblioteca."

_____
_____

> "O amor se aprendia sempre, mas do amor não terminava nunca o aprendizado."

_____
_____

2 No 2º parágrafo, o hífen foi empregado em duas situações em que, a rigor, não seria necessário. Qual é o sentido das expressões compostas em: "e pensava: amor, coisa-para-depois, um depois-adulto-aprendizado"?

_____
_____
_____
_____

3 Apesar de ser escrito em prosa, o texto apresenta recursos próprios da poesia, o que lhe confere um caráter fortemente poético. Identifique no texto o emprego de:

a) metáfora;

___

b) paralelismos (repetições de palavras, expressões ou recursos de construção);

___

c) rimas ou sonoridade em geral.

___

Texto e intertexto

Observe este painel, constituído de duas esculturas, uma pintura e um mural:

Eros e Psiqué, de Antonio Canova, concluída por Adamo Tadolini, em 1824.

O beijo (1888-9), de Auguste Rodin.

O beijo, (1907-8), de Klimt.

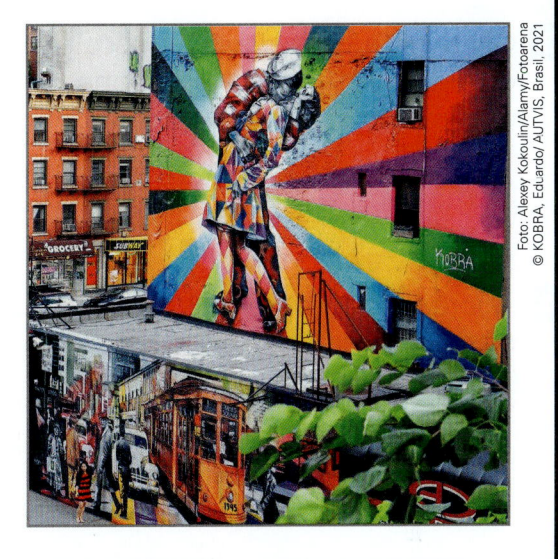

Explosão de amor (2012), de Kobra.

1 As obras foram produzidas por artistas que viveram nos séculos XIX, XX e XXI. O que elas têm em comum?

_____

_____

2 Observe e compare as duas esculturas.

a) Qual delas ainda está presa a temas clássicos, da mitologia grega?

_____

b) Qual apresenta maior realismo, tanto na abordagem do tema homem e mulher quanto na definição dos músculos do corpo das figuras?

_____

c) Qual delas pode ser vista pelo observador sob o maior número de ângulos?

_____

_____

BEIJAR FAZ BEM

O toque de lábios eleva os batimentos cardíacos para aproximadamente 150 batimentos por minuto.

Esse bombeamento sanguíneo aumenta a oxigenação das células, estimula as funções circulatórias e diminui a insônia e as dores de cabeça.

A cada beijo o corpo queima em torno de 12 a 15 calorias, e a produção de alguns hormônios aumenta muito, entre os quais a adrenalina e a endorfina, esta última responsável pela sensação de bem-estar, cujo aumento se dá frente a emoções intensas.

(Disponível em: https://planetabiologia.com/por-que-e-importante-beijar-na-boca/. Acesso em: 21/3/2021.)

d) Qual delas explora mais os efeitos de sombra e luz sobre os corpos dos amantes?

3 Compare a base das duas esculturas e note que a base da obra de Rodin está propositalmente inacabada, evidenciando o rústico bloco de pedra do qual a obra nasceu. Que sentidos novos esse dado acrescenta à escultura?

4 Agora compare as duas pinturas. Que semelhança ou diferença há entre elas, considerando-se:

a) a posição da mulher em relação ao corpo do homem? Que relação existe entre essa posição e a situação que os amantes estão vivendo?

b) a definição do rosto dos amantes?

c) a vivacidade das cores ou as sombras?

5 Observe os elementos que compõem a pintura de Klimt: as flores, a seleção de cores, as formas geométricas, as partes do corpo dos amantes que estão à mostra, os olhos da personagem feminina, etc.

a) Que efeito visual resulta da projeção do manto sobre as flores?

b) Levante hipóteses: Que relação pode haver entre a explosão de cores do quadro e a situação vivida pelos amantes?

c) O que os olhos e as feições da mulher amada expressam?
_____
_____

6. O mural de Kobra foi inspirado em uma fotografia de Einsenstaedt, conhecida internacionalmente: um beijo entre um marinheiro e uma enfermeira. O que chama a atenção nesse mural:

a) quanto às cores?
_____
_____
_____

b) quanto ao local em que ele foi construído?
_____
_____
_____

A VERDADE SOBRE O BEIJO MAIS FAMOSO DO MUNDO

O fotógrafo Alfred Einsenstaedt bateu a foto em 14/8/1945, quando se comemorava nos Estados Unidos a vitória do país na guerra. A foto, conhecida como "O beijo", ficou famosa em todo o mundo e sobre ela nasceu um mistério: quem eram os amantes? Muito tempo depois, descobriu-se que eles não se conheciam. Segundo a enfermeira Greta Friedman, ela passava na Times Square, em Nova Iorque, quando foi fortemente abraçada pelo marinheiro (George Mendonsa) e beijada.

7. Compare o mural de Kobra às demais obras do painel.

a) O que uma obra contemporânea como essa apresenta de mudança em relação às cores, aos materiais e à relação com o público?
_____
_____
_____
_____

b) O beijo, em si, é diferente do beijo das demais obras?
_____
_____
_____

8. Compare o painel apresentado nesta atividade ao texto de Affonso Romano de Sant´Anna, lido na abertura deste capítulo. Ao longo do estudo, você viu esculturas, pintura, mural e crônica dos séculos XIX, XX e XXI. O que todas essas obras mostram sobre o "aprendizado do amor"?
_____
_____

Exercícios

Leia este meme, que circulou na internet, e responda às questões 1 a 4.

(Disponível em: https://me.me/i/ah-o-amor-como-dizem-que-%C3%A9-como-costuma-ser-3930c998cd4245d3b49a40a765871123. Acesso em: 22/3/2021.)

1. As imagens procuram retratar:

   a) as diferentes fases do amor ao longo da vida.

   b) o que se pensa sobre o amor e o que é a experiência amorosa, em diferentes momentos.

   c) a evolução do amor jovem ao maduro, passando por uma fase de otimismo até chegar a uma visão mais realista.

   d) as diferentes definições de amor, de acordo com o ponto de vista das pessoas.

2. Quanto ao amor, o criador do meme tem uma visão:

   a) neutra, pois procura ser realista.

   b) positiva, pois sempre se encontra a outra metade da laranja.

   c) negativa, pois a laranja esvaziada representa a solidão.

   d) entusiasta, pois demonstra, pelos contextos, acreditar no verdadeiro amor.

3. Segundo o texto, o relacionamento amoroso ocorre entre pessoas:

a) diferentes, mas que durante algum tempo têm a ilusão de serem iguais.

b) totalmente iguais, como ilustram as duas partes da laranja.

c) totalmente diferentes, como ilustram a laranja e o limão.

d) solitárias, como ilustra o último desenho.

4. A imagem da laranja e do espremedor de laranja e a da faca e da laranja sugerem, respectivamente, que, no relacionamento:

a) cada qual terá seu espaço e um complementará o outro.

b) as diferenças desaparecerão com o tempo e alguém sairá magoado.

c) as diferenças são positivas nos dois contextos.

d) um será submisso ao outro e alguém sairá ferido.

Leia este texto, de Mario Sergio Cortella, e responda às questões 5 e 6:

Potstock/Shutterstock

'Amar não é aceitar tudo'

"Uma das coisas que mais fiz como educador de meus filhos foi tirar o encanto da droga ilegal, para impedir ou dificultar que tivessem acesso a esse tipo de prazer — porque é óbvio que é prazeroso, senão ninguém iria atrás dele. Não é bom fazer uso dessas substâncias, não é encantador. Uma pessoa que usa droga é fraca, pois não detém força suficiente para se defender daquilo. Eu não sou forte quando me comporto como a manada.

[...]

A expressão 'o amor aceita tudo' é absolutamente antiética e antipedagógica. A pessoa que seja capaz de amar é aquela que recusa aquilo que faz mal, por isso um pai e uma mãe não podem jamais dizer ao filho 'é porque eu te amo, então tudo aceito'. É exatamente o inverso: porque eu te amo é que eu não quero que você use drogas ilegais; é porque eu te amo que eu quero que você seja decente; é porque te amo que eu não quero que você banalize a sua sexualidade livre e bonita; é porque eu te amo que eu quero que você tenha esforço na sua produção e é porque você me ama que eu quero que você, meu filho, minha filha, me advirta, também me apoie, também me corrija naquilo que eu estiver equivocado. Essa relação de cuidado mútuo só nos faz crescer. Por isso esse exemplo do cotidiano tem que aparecer como sendo a recusa com qualquer situação. A ética do amor não é a ética da conveniência em que as coisas valem a partir de qualquer momento, mas uma ética que é capaz, também, de dizer 'não' ao que tem que ser recusado."

(Disponível em: https://www.revistaprosaversoearte.com/amar-nao-e-aceitar-tudo-mario-sergio-cortella/. Acesso em: 24/3/2021.)

5. O tema central do texto é:

a) drogas ilegais e a responsabilidade dos pais.

b) a relação do adolescente com as drogas ilegais.

c) a conveniência entre pais e filhos.

d) a ética e o difícil exercício do amor.

6. Segundo o texto, o exercício legítimo do amor ocorre quando:

a) se aceita tudo, sem questionar.

b) há conveniência de todas as partes.

c) há a coragem de negar o que tem que ser recusado.

d) se recusa tudo aquilo que faz mal.

Leia o texto a seguir e responda às questões 7 e 8.

O amor pode mudar o seu funcionamento cerebral

O amor romântico é um estado motivacional associado ao desejo de entrar ou manter um relacionamento próximo com uma outra pessoa específica [...]. É uma experiência altamente gratificante, e está ligado à perpetuação da espécie e, assim, tem uma função biológica de importância evolutiva crucial [...]. Além de desempenhar um papel na mediação de recompensa e motivação direcionada a objetivos, também pode alterar a cognição e o comportamento, como promover atenção intensamente focada no indivíduo preferido, acompanhado de euforia, desejo, obsessão, compulsão, distorção da realidade, dependência emocional, mudanças de personalidade e impulsos de riscos. Logo, é um sentimento complexo, envolvendo componentes emocionais, cognitivos e comportamentais [...].

Entretanto, apenas recentemente, os neurobiologistas começaram a investigar a sua base neural [...]. Esses estudos indicam que a experiência amorosa ativa regiões específicas do cérebro envolvidas no processamento da recompensa, motivação e regulação da emoção, que coincidem com áreas ricas em receptores de ocitocina e vasopressina [...]. Esses hormônios desativam um conjunto comum de regiões associadas a emoções negativas, julgamento social e "imaginação", isto é, a avaliação das intenções e emoções de outras pessoas [...].

[...]

A paixão do amor cria sentimentos de alegria e euforia, de uma felicidade que muitas vezes é insuportável e certamente indescritível. E as áreas que são ativadas em resposta a esses sentimentos românticos são amplamente coextensivas com as regiões do cérebro que contêm altas concentrações de um neuromodulador associado a recompensa, desejo, dependência e estados eufóricos, ou seja, dopamina. Um aumento na dopamina está associado a uma diminuição em outro neuromodulador, a serotonina, que está ligada ao apetite e humor. Estudos demonstraram uma **depleção** de serotonina nos estágios iniciais do amor romântico para níveis comuns em pacientes com transtornos obsessivo-compulsivos. Afinal, o amor é um tipo de obsessão e, em seus estágios iniciais, geralmente imobiliza o pensamento e o canaliza na direção de um único indivíduo [...].

[...]

(Bruna Velasques Bruna. Disponível em: https://neurocienciasaplicadas.com.br/neurociencia-do-cotidiano-o-amor-pode-mudar-o-seu-funcionamento-cerebral/. Acesso em: 24/3/2021.)

depleção: esgotamento, perda, extração.

7. Segundo estudos da neurociência, o amor romântico:

a) pode alterar a cognição e o comportamento, uma vez que ativa regiões específicas do cérebro.

b) está associado à evolução da espécie, já que a ciência tem observado diferenças cognitivas quanto à forma de amar ao longo dos tempos.

c) é comum em pessoas com transtornos obsessivo-compulsivos.

d) tem uma eminente função biológica, já que provoca aumento de apetite e estimula a produção de vários hormônios.

8. Leia as afirmações:

I. Os hormônios ocitocina e vasopressina desativam regiões cerebrais associadas a emoções negativas.

II. O amor romântico pode desencadear sentimentos de euforia, obsessão, compulsão, distorção da realidade, entre outros.

III. O amor romântico, nos estágios iniciais, pode imobilizar o pensamento e os sentimentos do amante.

IV. O amor romântico também altera a produção do hormônio serotonina, que está relacionado ao apetite e ao humor.

Assinale a alternativa que contém os itens corretos:

a) I, II, III

b) I, II, IV

c) I, III, IV

d) todas

Leia este poema de Carlos Drummond de Andrade e responda às questões 9 a 15:

As sem-razões do amor

Eu te amo porque te amo.
Não precisas ser amante,
e nem sempre sabes sê-lo.
Eu te amo porque te amo.
Amor é estado de graça
e com amor não se paga.

Amor é dado de graça,
é semeado no vento,
na cachoeira, no eclipse.
Amor foge a dicionários
e a regulamentos vários.

Eu te amo porque não amo
bastante ou demais a mim.
Porque amor não se troca,
não se conjuga nem se ama.
Porque amor é amor a nada,
feliz e forte em si mesmo.

Amor é primo da morte,
e da morte vencedor,
por mais que o matem
  (e matam)
a cada instante de amor.

(*Corpo*. Rio de Janeiro: Record, 1984. p. 35.)

9. De acordo com a 1ª estrofe do poema:
 a) o eu lírico vê o amor como uma relação recíproca, construída a dois.
 b) o amor não é um sentimento, mas um estado de realização espiritual.
 c) o eu lírico recusa o amor da pessoa amada, pois prefere a solidão.
 d) o eu lírico não cobra reciprocidade no sentimento amoroso.

10. De acordo com o poema, o amor:
 a) foge a conceitos e definições lógicas.
 b) tem cem razões para acontecer.
 c) é parte da natureza e de sua harmonia.
 d) é um estado de embriaguez no qual se perde a própria identidade.

11. Nos versos

> "Eu te amo porque não amo
> bastante ou demais a mim."

depreende-se que:
 a) o eu lírico sente culpa por não amar o outro com a mesma intensidade.
 b) o eu lírico prevê sofrimento e frustração amorosa no futuro.
 c) o eu lírico não se sente amado pelo outro da mesma forma como ama.
 d) é impossível amar duas pessoas ao mesmo tempo.

12. Em relação aos versos:

> "Porque amor é amor a nada,
> feliz e forte em si mesmo.
> [...]
> por mais que o matem (e matam)
> a cada instante de amor."

há uma visão do eu lírico de que:

a) o amor não existe de verdade.

b) o amor não pode ser confundido com paixão.

c) o verdadeiro amor está acima das tentativas frustradas de amar.

d) num tempo como o nosso, o amor verdadeiro foi destruído.

13. Compare o poema de Drummond aos versos ao lado, de Luís de Camões, poeta português do século XVI.

Marque a alternativa **falsa** em relação à comparação:

> Onde a esperança falta, lá me esconde
> Amor um mal, que mata e não se vê.
>
> Que dias há que n'alma me tem posto
> um não sei quê, que nasce não sei onde,
> vem não sei como, e dói não sei por quê.
>
> (*Lírica*. São Paulo: Cultrix, 1976. p. 112.)

a) Os versos de Camões associam-se diretamente ao título do poema de Drummond, já que não há explicação lógica para o nascimento do amor.

b) O "mal" a que se refere o poema de Camões está no mesmo plano das ideias dos versos "Eu te amo porque não amo / bastante ou demais a mim".

c) Diferentemente do poema de Drummond, no poema de Camões, o amor é personificado, visto como agente do sentimento vivido pelo eu lírico.

d) Em ambos os textos, o amor é visto como meio de libertação do mundo cotidiano e de realização espiritual.

14. Nos versos:

> "Não precisas ser amante,
> e nem sempre sabes sê-lo."

o pronome oblíquo **lo** refere-se:

a) ao amor.

b) à pessoa amada.

c) a "ser amante".

d) à necessidade de amar.

15. Nos versos examinados na questão anterior, há uma forte sonoridade, resultante da repetição do fonema /s/, que constitui a figura de linguagem:

a) metáfora.

b) aliteração.

c) zeugma.

d) onomatopeia.

Capítulo 7

Questão de ética!

Dar risada de práticas de *bullying* e ignorar a vítima, passar um sinal vermelho, evitar pagar impostos, aceitar um troco errado que nos beneficia... No dia a dia, vivemos várias situações que nos colocam em dúvida entre a conveniência pessoal e o bom senso e a ética. Afinal, o que é ética?

Leia, a seguir, um texto do filósofo e escritor Mario Sergio Cortella. Depois, responda às questões propostas.

"Foi sem querer, querendo?"

A ética pressupõe a liberdade, lembramos sempre. A ética pressupõe a capacidade de decidir, de escolher e de julgar. Porém, os que estivermos aptos a decidir, todos os dias vivemos dilemas éticos.

Existem os dilemas éticos e os conflitos éticos. O que é um dilema ético? É quando eu tenho de escolher entre duas coisas que desejo, mas só uma delas é eticamente saudável. Por exemplo: a primeira é "Eu quero ir a um lugar com a carteira de habilitação vencida". A segunda é: "Eu não quero infringir a lei". As duas coisas você deseja, mas uma delas iria desviá-lo do correto.

Já o conflito ético é quando eu desejo duas coisas, ambas aceitáveis, mas eu só posso escolher uma. Exemplo: hoje à noite eu quero encontrar a minha esposa e ficar com ela. Mas também tenho um convite para ficar com amigos. As duas coisas eu desejo, as duas são eticamente aceitáveis. Vou ter de escolher uma delas. Eu não tenho obrigação em relação a nenhuma delas.

Jean Galvão/Arquivo da editora

Desse modo, outra coisa é o dilema. Todo o tempo você e eu vivemos dilemas e conflitos éticos, e isso nos testa, obriga a assumirmos posições e transparências.

Nós somos colocados à prova eticamente de maneira contínua. Por exemplo: "Passo ou não pelo semáforo no vermelho?" Meu genro me oferece carteira de estudante e, aos 55 anos, aceito porque pago meia-entrada. Mas eu não sou mais estudante. Mas eu tenho vontade de pagar meia, porque eu economizo. Comprar ou não um produto pirata? O produto pirata dá emprego em outro país, não paga imposto e ainda às vezes favorece o tráfico de arma e de droga porque pode vir no mesmo contêiner. Ah, mas é mais barato. Compro ou não compro? Você chega a um escritório ou consultório e o profissional diz: "Com ou sem recibo?" Essa é uma questão difícil...

A manutenção da ética íntegra depende dos seus princípios. Nunca nós deixaremos de ter dilemas quando fizermos a opção errada. Seja no dia em que "colamos" na escola em vez de estudar, seja quando dissemos algo a alguém só para brincar com ele e humilhá-lo. Quantas vezes, quando jovens ou crianças, **tripudiamos** sobre a outra pessoa? E até com adultos aproveitamos oportunidades para **fustigar** o outro. Quantas vezes, nos casais, um ofende o outro, sabe que vai machucar a outra pessoa, mas faz de propósito?

Ética é escolha, ética é decisão. Portanto, é inaceitável alguém dizer: "Olha, eu por mim não faria, mas como sou professor, tenho de fazer"; "Eu, por mim não faria, mas, como sou chefe, eu tenho de fazer".

Ora, eu não sou eu e uma função. Se eu sou uma pessoa inteira, não posso dizer: "Eu, por mim não te reprovaria, mas, como sou seu professor..."; "Eu, por mim não te colocaria de castigo, mas, como sou seu pai..." Isto é equivocado. Eu não sou eu e um pai, eu e um amigo, eu e um chefe, eu e um professor. Eu sou eu. "Eu, por mim não faria"? Então não faço. Ou eu tenho integridade (uma pessoa que não tem duas caras) ou eu não sou inteiro.

A partir de uma determinada idade, e quando tenho sanidade, posso decidir. Por exemplo, a droga me coloca num determinado estado em que perco a minha capacidade de juízo, mas ela não tira a totalidade de minha responsabilidade. Tanto que, se cometo um deslize do ponto de vista legal, tendo consumido droga ilegal ou droga legal, como é o caso do álcool, não posso argumentar que sou inocente. Eu posso dizer que não tinha a intenção de fazer aquilo, mas continua a culpa e a responsabilidade.

A ética está conectada ao território da liberdade e da capacidade de escolha.

Por isso, vale a clássica brincadeira que o Chaves fazia naquela série de televisão que as crianças sempre curtiram e os adultos também (meio escondidos), em que ele dizia: "Foi sem querer querendo".

O nosso sem querer é muito querendo também.

(*Não se desespere — Provocações filosóficas*. 7. ed. Petrópolis-RJ: Vozes, 2014. p. 86-88.)

> **fustigar:** maltratar, pressionar.
> **tripudiar:** manifestar desprezo; divertir-se à custa de outra pessoa.

1. O texto lido, embora trate de questões éticas, não chega a conceituar ética. Troque ideias com os colegas e, depois, considerando também o texto e as suas próprias ideias sobre o assunto, responda: O que é ética?

   _____
   _____
   _____
   _____

2. No início do texto, o autor afirma que a ética "pressupõe a capacidade de decidir, de escolher e de julgar". Daí vêm, segundo ele, os dilemas éticos. Levante hipóteses: Quem supostamente não estaria capacitado para decidir, escolher e julgar?

   _____
   _____

3. Ao longo de sua argumentação, o autor faz uma distinção entre **dilema ético** e **conflito ético**.

   a) Que semelhanças e diferenças existem entre eles?

   _____
   _____
   _____
   _____

   b) Usar uma carteira de estudante falsa, comprar produto pirata, ter benefícios em troca de não exigir nota fiscal são exemplos de dilema ético ou conflito ético? Por quê?

   _____
   _____
   _____

   c) Tripudiar ou fustigar alguém e ofender pessoas próximas e queridas são atitudes pouco éticas? Por quê?

   _____
   _____
   _____

QUEM É MARIO SERGIO CORTELLA?

Mario Sergio Cortella nasceu em Londrina (PR), em 1954. É filósofo, escritor, educador e tem mestrado e doutorado em Educação. É autor de vários livros, entre eles *Felicidade foi-se embora?*, em parceria com Leonardo Boff e Frei Betto; *Ética e vergonha na cara!*, em parceria com Clóvis de Barros Filho; *Basta de cidadania obscena*, com Marcelo Tas; e *Família: urgências e turbulências*.

4. Observe estes trechos do texto:

> • "A manutenção da ética íntegra depende dos seus princípios."
> • "Ou eu tenho integridade (uma pessoa que não tem duas caras) ou eu não sou inteiro."

Levante hipóteses: De que princípios a ética íntegra depende?

_____
_____

5. O autor afirma que a ética "está conectada ao território da liberdade e da capacidade de escolha". E cita o exemplo de uma pessoa que, tendo usado droga, comete "um deslize do ponto de vista legal". Em que condições essa pessoa poderia não ter culpa ou não ser responsabilizada por seus atos?

_____
_____
_____
_____

6. Leia o boxe "Antropofagia nos Andes". Depois, responda: Os sobreviventes do acidente agiram de forma ética ao se alimentarem da carne dos mortos? Como você teria agido se estivesse lá? Justifique sua resposta.

_____
_____
_____

7. Quase no final do texto, o autor cita uma conhecida frase de Chaves, personagem principal de uma série de televisão: "Foi sem querer, querendo". Essa frase resume as ideias do texto acerca da ética? Por quê?

_____
_____
_____
_____
_____

Capítulo 7

ANTROPOFAGIA NOS ANDES

Em 1972, um grupo de jovens jogadores uruguaios de rúgbi voava num avião bimotor para Santiago, no Chile, a fim de participar de um jogo amistoso.

Por causa do mau tempo na cordilheira dos Andes, o avião bateu em uma montanha e explodiu. Dos 45 tripulantes, apenas 27 sobreviveram ao acidente.

Muitas buscas foram feitas a mando das autoridades chilenas, mas os restos da aeronave só foram encontrados 72 dias depois do acidente. Apenas 16 pessoas estavam ainda com vida.

Nos primeiros dias, os sobreviventes se alimentaram das poucas provisões e do estoque de chocolate que tinham levado. Com o passar dos dias, entretanto, e com a morte de alguns dos sobreviventes, por causa do frio, da neve e da fome, os jovens não tiveram outra opção a não ser se alimentar da carne dos mortos.

Essa história verídica é mostrada no filme *Vivos*, de Frank Marshall.

Palavras em contexto

1 Releia este trecho do 1º parágrafo do texto:

> "A ética pressupõe a capacidade de decidir, de escolher e de julgar. Porém, os que estivermos aptos a decidir, todos os dias vivemos dilemas éticos."

Observe que o autor fez no trecho uma concordância verbal pouco comum, embora de acordo com a norma-padrão da língua.

a) Qual seria a concordância mais comum do verbo **estar** na segunda frase do trecho?

b) Com que finalidade a concordância do verbo **estar** foi feita na 1ª pessoa do plural?

2 A frase "Ética é escolha, ética é decisão" poderia ter sido redigida desta forma: "Ética é escolha e decisão". Assim, seria evitada a repetição de palavras. Levante hipóteses: O que teria motivado o autor a redigir dessa forma? Com a redação que ganhou o texto, que efeito de sentido o enunciado cria?

3 Ao ilustrar situações de dilema e conflito éticos, o autor ora usa aspas, ora não. Veja:

> "Passo ou não pelo semáforo no vermelho?" Meu genro me oferece carteira de estudante e, aos 55 anos, aceito porque pago meia-entrada. [...] "Com ou sem recibo?" Essa é uma questão difícil...

O que justifica o emprego de aspas em algumas frases desse trecho?

_____
_____
_____
_____

Texto e intertexto

Você vai ler a seguir um fragmento da peça teatral *Lua nua*, de Leilah Assunção, que foi encenada em várias cidades do país entre 1986 e 1989, sempre com grande sucesso de público e de crítica.

A peça conta a história do casal Lúcio, um engenheiro, e Sílvia, uma advogada. Eles estão casados há alguns anos e têm um bebê, o Júnior. Na manhã retratada na cena reproduzida, eles enfrentam um sério problema: ambos têm uma entrevista importante, que decidirá o futuro profissional de cada um, e Dulce, a empregada, acabou de ser demitida por Sílvia, e agora não há quem fique com o bebê. Como irão resolver esse problema?

Lua nua

SÍLVIA   É... O que é que a gente vai fazer?

LÚCIO   É um problema mesmo... Só que estou atrasadíssimo, depois você me liga pra dizer como que é que resolveu por hoje.

SÍLVIA   Espera aí, Lúcio. Acho que você não entendeu ainda. A saída da Dulce é um problema **nosso** e não apenas meu.

LÚCIO   Mas foi você que despediu a moça, você causou o problema, agora resolva você, ora.

SÍLVIA   Ela extrapolou todos os limites, poderia ter sido com você, é como se ela tivesse... pedido demissão. É um problema da **nossa** casa, a ser resolvido, portanto, conjuntamente.

LÚCIO   Só que eu tenho a entrevista com os americanos às dez e meia e estou atrasado.

SÍLVIA   Mas eu também tenho uma entrevista às dez e meia...

LÚCIO   Ah, você não vai querer me comparar agora essa sua entrevista com o meu trabalho, vai?

Oliga/Shutterstock

SÍLVIA   Ah! A minha entrevista é uma frescura, apenas. O seu trabalho é muito mais importante que o meu.

LÚCIO   Não é bem isso...

SÍLVIA   É? Diga. Responde, Lúcio. É mais importante?

LÚCIO   É! Pronto. Quis escutar, escutou, Sílvia. É claro que o meu trabalho é muito mais importante que o seu.

SÍLVIA   Poooooooooooooooor quê?

LÚCIO   Porque... Ora, não vamos agora começar uma discussão mesquinha. Eu me nego a ser ridículo.

SÍLVIA   Pois eu proponho que o sejamos.

LÚCIO   Sílvia, eu estou atrasado, não tenho tempo para debates. (*Pega a pasta e vai em direção à porta da rua.*)

SÍLVIA   Tem razão... Também estou atrasadíssima e não tenho tempo para debates. (*Pega a sua pasta e também vai em direção à porta.*)

LÚCIO   Quer parar de brincadeira?

[...]

SÍLVIA   [...] Por que o seu trabalho é mais importante que o meu, Lúcio?

LÚCIO   Não é uma questão de importância, Sílvia. O que você faz no escritório e o que você faz nesta casa são coisas valiosíssimas, mas veja... você ficou três meses aqui, só amamentando...

SÍLVIA   Amamentando o nosso filho. Que agora já está com oito meses... E nosso, aliás, da sociedade toda!

LÚCIO   Não começa! Eu não vou ter paciência, agora, para discurso! Ou faz nhenhenhém ou faz discurso, assim não dá! Vamos parar de lero-lero, tá? O **meu** trabalho pesa mais que o seu porque ele que é para valer, escutou bem? É o **meu**, o **meu** trabalho, não o seu que garante a segurança desta família. É com o meu salário, e não com o seu, que você conta para ter (*Aponta para os pacotes de compra.*) esse supermercado aí, assistência médica, seguro de vida, carteirinha do clube e tudo o mais. Tá bom?

SÍLVIA   Amanhã pode ser o meu, lembra da sua mãe?

LÚCIO   Mas o problema é hoje. É hoje que será resolvido se vamos ou não para os Estados Unidos.

SÍLVIA   Sabe que você nem perguntou, de verdade, se quero mesmo ir? Talvez, para mim, não seja a melhor época para sair daqui.

LÚCIO   Não estou entendendo. O que você está tentando me dizer?

SÍLVIA   Isso mesmo que você está escutando. Estou muito entusiasmada com a minha profissão neste momento. Com o caso Teixeira Leite.

LÚCIO   "Caso Teixeira Leite"... Ô, Sílvia, eu não queria desqualificar você, mas esse seu caso é uma bobagem! Indenização por perda de emprego de uma filhinha de papai rico. Nós dois sabemos que você não passa de uma secretária de luxo no escritório dos seus amigos...

SÍLVIA	Sou uma advogada! Muitas vezes esqueço disso, mas eu sou. E esse é o meu primeiro caso. Sozinha. Está escutando, Lúcio? (*pausadamente*) É o meu primeiro caso. Os Teixeira Leite têm influência, é a minha chance. Já faltei na primeira entrevista porque o Júnior estava com quarenta graus de febre.
[...]	
LÚCIO	[...] Olha, Sílvia, eu quero te ajudar, eu entendo que é uma barra, mas tenho de ir andando porque já são mais de nove e meia, é um absurdo o que já me atrasei...
[...]	
SÍLVIA	(*gritando*) Saaacoooo!
LÚCIO	Tudo bem, Sílvia, tudo bem, eu entendi sim, tudo! Mas você não acha perda de tempo ficarmos os dois aqui? Um dos dois já basta para resolver o problema, não basta?
SÍLVIA	Pois que seja você a ficar então! Você não tem mais que trabalhar feito um camelo para sustentar mãe e irmão: eles cresceram! Você tem uma companheira que também produz. Que seja você a ficar.
LÚCIO	Pooooxa! Eu estou com trinta e cinco anos. Sabe quando vou ter outra chance dessas? Nuuunnnca! Vou ser um engenheirinho de merda até o fim da vida!
SÍLVIA	E eu, se perco esta chance, eu vou ser na-da até o fim da vida, Lúcio! Na-da, a diferença é essa: na-da.
LÚCIO	(*resolvido*) Mas como na-da? Como? Não adianta, não. Não adianta que eu não entendo mesmo! [...] Você é minha mulher, Sílvia, é a mãe do Júnior!
SÍLVIA	Sempre de braços dados com alguma referência, "a mulher de", "a mãe de", "a filha-do-dono-do-boteco". E eu, Sílvia, onde é que estou, o que é que eu sou? Me ajuda, Lúcio...
LÚCIO	(*perplexo*) Não... não pode ser... Essa daí não é você... O que foi que aconteceu?
SÍLVIA	Enquanto eu dou um telefonema você vai do lado, por favor, e pergunta para a Dona Mariazinha se ela pode ficar com o Júnior.
LÚCIO	Eu?! Vou perguntar para essa vizinha se... Eu nem sei como é que se pergunta isso!
SÍLVIA	Ela fica de vez em quando. Já passou da idade, não gosto de abusar, mas é uma santa pessoa.
LÚCIO	(*perplexo*) Você virou feminista. É isso... novela das sete... é isso que dá ficar vendo novela das sete, virou feminista!
SÍLVIA	Pode me xingar do que quiser. Se eu não conseguir me impor hoje com você, neste dia tão importante para a minha vida, não vou conseguir nunca mais.

(São Paulo: Scipione, 1990. p. 35-40.)

1 O texto apresenta um confronto de interesses entre Lúcio e Sílvia, revelado pela discussão sobre a vida profissional de cada um. Compare as falas a seguir e associe-as aos locutores:

> - "LÚCIO   [...] depois você me liga para dizer como é que resolveu por hoje."
> - "LÚCIO   [...] você causou o problema, agora resolva você, ora."
> - "SÍLVIA   [...] A saída da Dulce é um problema **nosso** e não apenas meu."
> - "SÍLVIA   [...] É um problema da **nossa** casa, a ser resolvido, portanto, conjuntamente."

a) Como Lúcio se posiciona diante do problema que surgiu naquele dia?

b) Pela reação de Sílvia, o que ela não quer mais?

c) Que argumento básico Lúcio utiliza para convencer Sílvia de que o trabalho dele é mais importante do que o dela?

d) Para rebater o argumento do marido, Sílvia cita o exemplo da mãe dele. O que você acha que pode ter ocorrido com os pais de Lúcio?

2 Compare este trecho:

> "SÍLVIA   Sempre de braços dados com alguma referência, 'a mulher de', 'a mãe de', 'a filha-do-dono-do-boteco'. E eu, Sílvia, onde é que estou, o que é que eu sou? Me ajuda, Lúcio...
> LÚCIO   (*perplexo*) Não... não pode ser... Essa daí não é você... [...]"

a) Ao dizer "onde é que estou, o que é que eu sou?", em que Sílvia pensa, na verdade?

_____
_____
_____
_____
_____

b) Como Lúcio reage diante da nova Sílvia que vê à sua frente?

_____
_____
_____
_____

3 O texto teatral tem semelhanças com o texto narrativo: apresenta fatos, personagens, tempo e lugar.

a) Onde ocorre essa cena?

_____

b) Qual é, aproximadamente, o tempo de duração dessa cena?

_____

4 Comparando a estrutura do texto teatral com a de outros textos narrativos, por exemplo, o conto, o mito e a fábula, observamos que o texto teatral se constrói de forma diferente.

a) Há, no texto teatral, um narrador que conta a história?

_____

b) De que maneira, então, tomamos conhecimento dela?

_____
_____
_____

5 O diálogo entre os personagens constitui o elemento essencial de um texto teatral. Numa fábula ou conto, a fala dos personagens aparece geralmente depois de verbos como **dizer**, **perguntar**, **afirmar**, chamados **dicendi**. No texto teatral escrito, como é introduzida a fala dos personagens?

_____
_____
_____
_____

6. O texto teatral escrito apresenta alguns trechos em letras de tipo diferente, em geral conhecido por itálico. Veja:

> • "SÍLVIA Tem razão... Também estou atrasadíssima e não tenho tempo para debates. (*Pega a sua pasta e também vai em direção à porta.*)"
> • "SÍLVIA (*gritando*) Saaacoooo!"

Esses trechos, chamados **rubricas**, têm uma função especial. Qual é ela?

_____
_____
_____

7. Compare o texto "Foi sem querer, querendo?", de Mario Cortella, com o fragmento da peça teatral *Lua nua*, que acabou de ler. O fato de o personagem ter que escolher entre ficar com o filho ou trabalhar é um "dilema ético" ou um "conflito ético", segundo Cortella? Explique.

_____
_____
_____
_____
_____

8. Releia este trecho:

> "LÚCIO (*perplexo*) Você virou feminista. É isso... novela das sete... é isso que dá ficar vendo novela das sete, virou feminista!
> SÍLVIA Pode me xingar do que quiser. Se eu não conseguir me impor hoje com você, neste dia tão importante para a minha vida, não vou conseguir nunca mais."

Agora, responda: Lúcio está sendo ético com a esposa?

_____
_____
_____
_____

9 Observe a linguagem empregada pelos personagens. Que tipo de variedade linguística predomina? Justifique sua resposta.

_____
_____
_____
_____
_____
_____

10 Na reprodução da fala dos personagens, aparecem palavras escritas em negrito, palavras separadas em sílabas e palavras com repetições de vogais. Veja:

> - "LÚCIO [...] É o **meu**, o **meu** trabalho, não o seu que garante a segurança desta família."
> - "SÍLVIA E eu, se perco esta chance, eu vou ser na-da até o fim da vida, Lúcio! Na-da, a diferença é essa: na-da."
> - "SÍLVIA Pooooooooooooooooor quê?"

Imagine essa peça teatral sendo encenada num palco. Como essas palavras seriam faladas pelos personagens?

_____
_____
_____
_____

11 Releia este trecho:

> "LÚCIO 'Caso Teixeira Leite'... Ô, Sílvia, eu não queria desqualificar você, mas esse seu caso é uma bobagem! Indenização por perda de emprego de uma filhinha de papai rico. [...]"

Por que a expressão **"Caso Teixeira Leite"** foi empregada entre aspas?

_____
_____
_____
_____

Exercícios

Leia este texto de campanha e responda às questões 1 a 7:

[...]
A aquisição e utilização de agrotóxicos e afins em desacordo com a legislação federal em vigor sujeita o usuário a responder processo administrativo, processo civil, por danos a terceiros, e até processo penal, por crime ambiental.

A ação tem como objetivo barrar anúncios de produtos que não atendem aos requisitos da comercialização. Para fazer uma denúncia, CLIQUE AQUI.

Preencha o formulário abaixo para realizar a denúncia.

Os campos marcados com * são obrigatórios. Todos os dados são sigilosos.

Nome Completo:*
E-mail:*
Endereço da internet do anúncio:*
Observações:
Confirme a validação abaixo:*

☐ Não sou um robô

(Disponível em: https://www.aenda.org.br/noticia_imprensa/campanha-busca-conscientizar-e-combater-a-compra-de-insumos-agropecuarios-pela-internet/. Acesso em: 24/3/2021.)

1. O texto foi produzido pela Associação Nacional dos Distribuidores de Insumos Agrícolas e Veterinários (ANDAV), reconhecida pelo governo. A campanha tem a finalidade de:

    a) difundir o comércio de agrotóxicos no Brasil.

    b) legalizar empresas que vendem produtos ilegais.

    c) impedir a venda ilegal de agrotóxicos e defensivos agrícolas.

    d) combater a comercialização de agrotóxicos e defensivos agrícolas falsos.

2. Observe a linguagem visual do texto. A figura do homem de capuz e sem rosto parece representar:

    a) os compradores de produtos legais no Brasil.

    b) as empresas fabricantes de insumos agrícolas.

    c) os agricultores que compram insumos para as plantações.

    d) pessoas que comercializam ilegalmente agrotóxicos e defensivos pela internet.

3. Embora não esteja explícito no texto, é possível inferir que a utilização de agrotóxicos e defensivos ilegais pode:

    a) causar problemas ao meio ambiente e doenças nos seres humanos.

    b) proporcionar um aumento descontrolado da produção agrícola no país.

    c) gerar problemas de política internacional.

    d) gerar um problema no equilíbrio de preços do mercado.

4. As formas verbais **denuncie** e **clique**, no modo imperativo afirmativo:

    a) desestimulam o internauta a denunciar, pois soam autoritárias.

    b) convidam o internauta a tomar uma atitude concreta contra a ilegalidade desses produtos.

    c) em 3ª pessoa do plural, dirigem-se aos cidadãos em geral.

    d) colocam as ações num plano hipotético e possível, as quais dependem apenas do internauta.

5. Observe o formulário disponível no boxe "Clique aqui". Os campos com asterisco são obrigatórios:

    a) para se fazer o cadastro de produtos agrícolas nos órgãos oficiais.

    b) para evitar que usuários façam falsas denúncias.

    c) para que o anunciante conheça seu consumidor.

    d) para possível venda de produtos agrícolas.

6- A validação é necessária em "Não sou um robô" para:

   a) que a empresa valide a compra via internet.

   b) não haver erro de cadastro.

   c) evitar que o usuário seja um robô.

   d) que os órgãos oficiais atestem que a denúncia procede.

7- A linguagem da denúncia dever ser:

   a) descritiva e detalhada, para melhor compreensão.

   b) longa e explicativa, para que não haja dúvidas.

   c) subjetiva e explicativa, para sensibilizar quem a recebe.

   d) objetiva, sucinta, apresentando o crime e os responsáveis por ele.

Leia a tira abaixo e responda às questões 8 e 9.

(Disponível em: https://tirasarmandinho.tumblr.com/post/116050121519/tirinha-original. Acesso em: 24/3/2021.)

8- No primeiro quadrinho, Armandinho cita disciplinas escolares. A crítica implícita no último quadrinho é a de que:

   a) as disciplinas não abordam conteúdos essenciais para a formação do cidadão.

   b) o currículo escolar é ultrapassado e deveria ser substituído por disciplinas mais modernas.

   c) Ciências, Inglês, Português, Matemática, Geografia, História são disciplinas dispensáveis.

   d) a escola não tem se preocupado com a vida profissional do estudante.

9- As expressões faciais de Armandinho se transformam do primeiro quadrinho para o último de:

   a) alegre para eufórico.

   b) triste para alegre.

   c) interessado para decepcionado.

   d) desinteressado para alegre.

Você já ouviu falar em ética médica? Leia o texto a seguir e responda às questões 10 a 12.

Capítulo IV

DIREITOS HUMANOS

É vedado ao médico:

Art. 22. Deixar de obter consentimento do paciente ou de seu representante legal após esclarecê-lo sobre o procedimento a ser realizado, salvo em caso de risco iminente de morte.

Art. 23. Tratar o ser humano sem civilidade ou consideração, desrespeitar sua dignidade ou discriminá-lo de qualquer forma ou sob qualquer pretexto.

Parágrafo único. O médico deve ter para com seus colegas respeito, consideração e solidariedade.

Art. 24. Deixar de garantir ao paciente o exercício do direito de decidir livremente sobre sua pessoa ou seu bem-estar, bem como exercer sua autoridade para limitá-lo.

Art. 25. Deixar de denunciar prática de tortura ou de procedimentos degradantes, desumanos ou cruéis, praticá-las, bem como ser conivente com quem as realize ou fornecer meios, instrumentos, substâncias ou conhecimentos que as facilitem.

Art. 26. Deixar de respeitar a vontade de qualquer pessoa considerada capaz física e mentalmente, em greve de fome, ou alimentá-la compulsoriamente, devendo cientificá-la das prováveis complicações do jejum prolongado e, na hipótese de risco iminente de morte, tratá-la.

Art. 27. Desrespeitar a integridade física e mental do paciente ou utilizar-se de meio que possa alterar sua personalidade ou sua consciência em investigação policial ou de qualquer outra natureza.

Art. 28. Desrespeitar o interesse e a integridade do paciente em qualquer instituição na qual esteja recolhido, independentemente da própria vontade.

Parágrafo único. Caso ocorram quaisquer atos lesivos à personalidade e à saúde física ou mental dos pacientes confiados ao médico, este estará obrigado a denunciar o fato à autoridade competente e ao Conselho Regional de Medicina.

Art. 29. Participar, direta ou indiretamente, da execução de pena de morte.

Art. 30. Usar da profissão para corromper costumes, cometer ou favorecer crime.

(Disponível em: https://portal.cfm.org.br/images/PDF/cem2019.pdf. Acesso em: 24/3/2021.)

10. O texto é parte do *Código de ética médica*, cuja função é:

a) descrever ações proibitivas aos profissionais em exercício, apenas.

b) descrever ações de profissionais e pacientes da área médica.

c) prescrever normas de conduta de profissionais da área médica em relação aos pacientes e a outros profissionais da saúde.

d) prescrever normas de conduta de pacientes submetidos a cuidados médicos.

11. O emprego de verbos no infinitivo:

a) salienta o caráter de obrigatoriedade das leis.

b) indefine o agente das leis e das regulamentações.

c) enfatiza a notoriedade das leis.

d) impessoaliza a figura do médico, dirigindo-se a todos os médicos.

12. O *Código de ética médica* objetiva garantir:

a) o respeito à profissão e a segurança dos funcionários da área da saúde.

b) respeito à vida, segurança nos procedimentos e ética profissional.

c) o respeito aos pacientes e médicos envolvidos em casos de doenças graves.

d) medidas padrão em todos os setores da área hospitalar.

Leia o texto a seguir e responda às questões 13 a 15.

Filósofo chama atenção para a diferença entre ética e moral

Você sabe a diferença entre moral e ética? Pensa que são sinônimos? Para esclarecer suas dúvidas, vale rever uma entrevista que o filósofo paranaense Mário Sérgio Cortella concedeu [...].

Ética, do grego "ethos", significa caráter. É a concepção e percepção do valor de conduta, princípios para agir em sociedade. Se a primeira está no plano da teoria, a moral é a aplicação da ética. Para o professor, o mundo que vamos deixar para as próximas gerações depende das gerações que deixaremos no mundo, que por sua vez depende da construção de sólidos valores éticos.

Esses valores, quando ausentes, também são percebidos. Exemplos negativos em que a falta de ética predomina devem ser tomados como sinal de alerta. Apesar do grande número de casos de corrupção, desvios de caráter sempre estiveram presentes nas relações humanas. A novidade está na apuração, principalmente quando escândalos são protagonizados por pessoas públicas.

[...]

Falar do político e não se atentar para as próprias atitudes é um equívoco. Não pedir a nota fiscal, respeitar as regras de trânsito somente quando há radar e não registrar a empregada doméstica são exemplos de corrupção, como pontua Cortella. Cobrar honestidade dos políticos é fundamental para o exercício da democracia, não esquecendo de cobrar de si mesmo atitudes corretas.

(Disponível em: http://gshow.globo.com/Rede-Bahia/Aprovado/noticia/2015/04/filosofo-chama-atencao-para-diferenca-entre-etica-e-moral.html. Acesso em: 24/3/2021.)

13. O tema abordado no texto é:

    a) política.

    b) sociedade.

    c) ética.

    d) relações públicas.

14. De acordo com o texto, a moral:

    a) é a aplicação da ética.

    b) está no plano da teoria, sem uma definição prática.

    c) é o conjunto de práticas ilegais, como corrupção e desvios de caráter.

    d) não está presente nas relações humanas.

15. Segundo o texto, é necessário:

    a) cobrar honestidade dos políticos, apenas.

    b) agir de forma ética, para cobrar ética da sociedade.

    c) prestar atenção nos desvios de caráter.

    d) exercitar a cidadania, mas priorizar as atividades sociais e políticas, que são mais importantes.

Capítulo 8

O que é ser jovem?

Ser jovem depende de pele, de idade, de ideias? Ser jovem se constata na certidão de nascimento ou no espírito de cada um? É possível ser jovem na infância e na adolescência? E na velhice? Será que todo jovem é realmente jovem na juventude?

Leia o texto:

Ser jovem

Ser jovem é não perder o encanto e o susto de qualquer espera. É, sobretudo, não ficar fixado nos padrões da própria formação. Ser jovem é ter abertura para o novo na mesma medida do respeito ao imutável.

É acreditar um pouco na imortalidade em vida, é querer a festa, o jogo, a brincadeira, a lua, o impossível, o distante. Ser jovem é ser bêbado de infinitos que terminam logo ali. É só pensar na morte de vez em quando. É não saber de nada e poder tudo.

Ser jovem é ainda acordar, pelo menos de vez em quando, assobiando uma canção, antes mesmo de escovar os dentes. Ser jovem é não dar bola para o síndico mas reconhecer que ele está na sua.

É achar graça do riso, ter pena dos tristes e ficar ao lado das crianças.

Ser jovem é estar sempre aprendendo inglês, é gostar de cor, xarope, gengibirra e pastel de padaria. Ser jovem é não ter azia, é gostar de dormir e crer na mudança; é meter o dedo no bolo e lamber o glacê.

É cantar fora do tom, mastigar depressa e engolir devagar a fala do avô. É gostar de barca da Cantareira, carro velho e roupa sem amargura. É bater papo com a baiana, curtir o ônibus e detestar meia marrom.

Ser jovem é beber chuvas, ter estranhas, súbitas e inexplicáveis atrações. É temer o testemunho, detestar os solenes, duvidar das palavras. Ser jovem é não acreditar no que está pensando exceto se o pensamento permanecer depois. É saber sorrir e alimentar secretas simpatias pelos crentes que cantam nas praças em semicírculo, Bíblia na mão, sonho no coração.

É gostar de ler e tentar silêncios quase impossíveis. É acreditar no dia novo como obra de Deus. É ser **metafísica** sem ter metafísica. É curtir trem, alface fresquinha, cheiro de hortelã. É gostar até de talco. Ser jovem é ter ódio de cachimbo, de bala jujuba, de manipulação, de ser usado.

Ser jovem é ser capaz de compreender a tia, de entender o reclamo da empregada e apoiar seu atraso. Ser jovem é continuar gostando de deitar na grama. É gostar de beijo, de pele, de olho. Ser jovem é não perder o hábito de se encabular. É ir para ser apresentado ("— Já conhece fulano?") morrendo de medo.

Ser jovem é permanecer descobrindo. É querer ir à lua ou conhecer Finlândias, Escócias e praias adivinhadas. É sentir cheiros raríssimos: cheiro de férias, cheiro de mãe chegando em casa em dia de chuva, cheiro de festa, aipim, camisa nova, marcenaria ou toalha lá do clube.

Ser jovem é andar confiante como quem salta, se possível de mãos dadas com o ar. É ter coragem de nascer a cada dia e embrulhar as **fossas** no celofane do não faz mal. É acreditar em frases, pessoas, mitos, forças, sons, é crer no que não vale a pena mas ai da vida se não fosse isso.

É descobrir um belo que não conta. É recear as revelações e ir para casa com o gosto de seu silêncio amargo ou agridoce.

Ser jovem é ter a capacidade do perdão e andar com os olhos cheios de capim cheiroso. É ter tédios passageiros, é amar a vida, é ter uma palavra de compreensão. Ser jovem é lembrar pouco da infância por não precisar fazê-lo para suportar a vida. Ser jovem é ser capaz de anestesias salvadoras.

Ser jovem é misturar tudo isso com a idade que tenha, trinta, quarenta, cinquenta, sessenta, setenta ou dezenove. É sempre abrir a porta com emoção. É esperar dos outros o que ainda não desistiu de querer. Ser jovem é viver em estado de fundo musical de superprodução da **Metro**. É abraçar esquinas, mundos, espaços, luzes, flores, livros, discos, cachorros e a menininha com um profundo, aberto e incomensurável abraço feito de festa, cocada preta, dentes brancos e dedos tímidos, todos prontos para os desencontros da vida. Com uma profunda e permanente vontade de SER.

(Artur da Távola. *Ser jovem*. 8. ed. Rio de Janeiro: Nova Fronteira, 1985. p. 13-14.)

---

fossa: na linguagem informal, "estar na fossa" equivale a estar deprimido, desalentado.

gengibirra: espécie de cerveja de gengibre; termo usado também para designar cachaça.

metafísica: ramo da Filosofia que estuda os fundamentos da existência ou realidade.

Metro: um dos mais importantes estúdios do cinema norte-americano.

Procure no dicionário outras palavras que você desconheça.

1. O texto se propõe a discutir o que é ser jovem.

   a) O jovem de que o texto trata é particularizado, ou seja, é um único jovem, ou representa toda a juventude?

   b) O tema é tratado de modo científico e objetivo ou poético e literário?

   c) As características do texto associam-no a que gênero textual: artigo de opinião, crônica argumentativa ou texto de divulgação científica?

   d) A finalidade do texto diz respeito a qual ou quais destes elementos: informar, transmitir conhecimentos científicos, promover reflexões acerca do tema, emocionar, propiciar uma experiência estética?

QUEM É ARTUR DA TÁVOLA?

Artur da Távola (1936–2008) nasceu no Rio de Janeiro (RJ) e foi escritor, jornalista, radialista, professor e político, chegando a ser senador por dois mandatos.

Foi redator e jornalista em vários jornais e revistas, como *O Globo*. Pesquisador de música, teve um programa na TV Senado intitulado *Quem tem medo da música clássica?*

Como escritor, publicou 23 livros, entre crônicas e biografias. Entre suas obras estão *Ser jovem* e *Do amor*.

2. Com base em uma visão pessoal e abordando múltiplos aspectos da juventude, o autor do texto tenta definir o que é ser jovem. Considerando a natureza do objeto (o jovem), você acha que seria possível definir de modo único e objetivo o que é ser jovem? Por quê?

3. Troque ideias com os colegas e dê uma interpretação a estes trechos do texto:

   a) "Ser jovem é ser bêbado de infinitos que terminam logo ali." (2º parágrafo)

   b) "É não saber de nada e poder tudo." (2º parágrafo)

   c) "É ser metafísica sem ter metafísica." (7º parágrafo)

4. O texto aborda diferentes características do jovem.

   a) Em alguma passagem, é feita uma descrição física dele? Que aspectos são enfocados?

   _____
   _____
   _____
   _____

   b) Identifique a característica do jovem destacada em cada um destes trechos:

   - "Ser jovem é ter abertura para o novo [...]" (1º parágrafo)

   _____
   _____

   - "é querer a festa, o jogo, a brincadeira, a lua, o impossível, o distante." (2º parágrafo)

   _____
   _____

   - "É [...] detestar os solenes, [...] é ter ódio [...] de manipulação, de ser usado." (7º e 8º parágrafos)

   _____
   _____

   - "Ser jovem é não perder o hábito de se encabular." (9º parágrafo)

   _____
   _____

   - "É querer ir à lua ou conhecer Finlândias, Escócias e praias adivinhadas." (10º parágrafo)

   _____
   _____

   - "É ter coragem de nascer a cada dia e embrulhar as fossas no celofane do não faz mal." (11º parágrafo)

   _____
   _____
   _____

5. De acordo com o último parágrafo:

a) Ser jovem depende de idade? Por quê?

b) Ser jovem é "abraçar esquinas, mundos, espaços [...] com um profundo, aberto e incomensurável abraço feito de festa". Na sua opinião, como seria esse tipo de abraço?

c) Nessa trajetória do jovem, tudo é fácil e maravilhoso? Justifique sua resposta com um trecho do texto.

6. Na última frase do texto, lemos: "Com uma profunda e permanente vontade de SER".

a) Essa frase pode sintetizar a posição do autor sobre o que é ser jovem? Justifique sua resposta.

b) Por que a palavra **ser** está escrita com letras maiúsculas?

Palavras em contexto

1 O autor emprega algumas palavras e expressões próprias da língua coloquial, tais como "ele está na sua" (3º parágrafo), "curtir o ônibus" (6º parágrafo), "curtir trem" (8º parágrafo).

a) Qual é o sentido dessas expressões no contexto?

b) Considerando o tema do texto, o emprego dessas palavras e expressões é adequado? Por quê?

2 No trecho "[Ser jovem] É bater papo com a baiana", caso o autor empregasse a expressão **conversar**, em vez de **bater papo**, o sentido seria o mesmo? Justifique sua resposta.

3 No trecho "É gostar até de talco", o autor deixa transparecer sua avaliação a respeito de talco.

a) Que palavra é responsável por isso?

b) Qual é a avaliação do autor sobre o talco? Justifique sua resposta.

4 Observe estas definições:

> "Ser jovem é beber chuvas,"
> "É ser metafísica sem ter metafísica."
> "é viver em estado de fundo musical"

a) Que figura de linguagem se verifica nessas construções?

b) Como se caracteriza a linguagem do texto?

Texto e intertexto

O texto a seguir é parte do livro *A adolescência*, do psicanalista Contardo Calligaris. Leia-o e responda às questões propostas.

O adolescente que se enfeia

Os adolescentes parecem contradizer, ou melhor, desafiar, os **cânones** estéticos dos adultos. Segundo estes, eles se enfeiam sistematicamente.

Os grupos adolescentes inventam quase sempre um padrão estético interno, pelo qual os membros se diferenciam e se reconhecem entre si. Não é raro que esse estilo constitua alguma espécie de agressão deliberada ao cânone dominante: afinal, o grupo (mesmo o grupo de estilo) **outorga** seu próprio reconhecimento interno. Desafiar a aprovação dos adultos é sua própria função.

Mas a estética adolescente não surge só para isso (ou seja, para se diferenciar, produzir coesão de grupo e desafiar o cânone adulto).

Pode ser que o ato de se enfeiar corresponda a uma recusa da sexualidade e, sobretudo, da desejabilidade como valor social. Assim como o adolescente pode parecer contestar a **idolatria** do valor financeiro, econômico (por exemplo, recusando-se a ostentar os apetrechos desse valor nas vestimentas e em outros símbolos tradicionais de riqueza), tornando-se feio ele poderia criticar um sistema que valoriza a desejabilidade dos corpos como razão do reconhecimento social.

Pode ser também que o adolescente se enfeie para se proteger de um olhar que poderia não achá-lo desejável. Ele conseguiria prevenir essa catástrofe para sua insegurança atribuindo sua indesejabilidade a seus próprios esforços de se enfeiar: "Não gostam de mim, mas é porque eu não quis".

[...]

(São Paulo: *Publifolha*, 2010. p. 51.)

> **cânone:** modelo, padrão.
>
> **idolatria:** amor excessivo, admiração exagerada.
>
> **outorgar:** conferir, conceder.

1 A tese defendida pelo autor é a de que o comportamento dos adolescentes é uma tentativa de desafiar os adultos. Qual é o meio utilizado pelo adolescente para se manifestar, segundo o autor?

2 De acordo com o texto, é comum os adolescentes se enfearem.

a) Que outros motivos, além do propósito de desafiar e provocar os adultos, levam-nos a adotar esse comportamento?

b) Explique a possível relação entre feiura e insegurança.

3 Observe as explicações dadas pelo autor para fundamentar sua tese sobre o enfeamento do jovem.

a) O autor trabalha com fatos ou com opinião (hipótese)?

b) Que expressão comprova sua resposta anterior?

4 Compare o texto que você leu com o de Artur da Távola, apresentado anteriormente.

a) O que há de semelhante entre eles?

b) Em que os textos diferem?

5 Discuta com os colegas e o professor as questões a seguir ou outras relacionadas que queiram incluir.

a) Ao longo do texto, Artur da Távola apresenta várias definições do que é ser jovem. Na sua opinião, quais são as melhores definições? E de quais delas você discorda? Por quê?

b) Para você, o que é ser jovem?

c) Em relação ao texto de Contardo Calligaris, você também acha que o adolescente busca um padrão estético diferente do adotado pelos adultos? Ou que ele se enfeia? Se sim, quais seriam as razões para esse comportamento?

Exercícios

Leia o texto a seguir e responda às questões 1 a 4.

Adolescentes: como está a alimentação dos jovens no Brasil?

Na adolescência, há indícios de que mudanças no cérebro são responsáveis por deixar os jovens destemidos. Pois a coragem típica dessa fase parece sumir na hora das refeições, quando uma folha de alface gera mais pavor do que escalar uma árvore. Pelo menos é o que dá para presumir a partir de dados divulgados nos últimos tempos, como um grande levantamento feito com 75 mil brasileiros de 12 a 17 anos, em escolas públicas e privadas. O estudo, batizado com a sigla Erica, revela que apenas um em cada três adolescentes coloca salada no prato. Pior: só um em cinco ingere pelo menos uma fruta ao dia.

Os profissionais de saúde enfrentam as consequências dos maus hábitos no dia a dia. "Entre crianças e adolescentes, a incidência de obesidade cresce exponencialmente, e em todas as classes sociais", afirma Renato Zilli, endocrinologista do Hospital Sírio-Libanês, em São Paulo. "Há 40 anos, atendíamos um adolescente obeso a cada 100. Hoje, são de seis a oito", estima.

Números da Organização Mundial da Saúde refletem essa realidade. Em 1975, calcula-se que 11 milhões de adolescentes eram obesos. Em 2016, o número saltou para 124 milhões.

A infância é um período determinante na aquisição de hábitos à mesa. Mas mesmo aquela criança que venerava brócolis pode virar o adolescente que rejeita qualquer vegetal. Não há uma explicação biológica para isso, mas, sim, comportamental: é nessa fase da vida que os filhos ganham mais independência, fazem refeições longe dos pais e recebem dinheiro para escolher o que vão comer.

[...]

(Manuela Biz. *Veja Saúde*. Disponível em: https://saude.abril.com.br/familia/adolescentes-como-esta-a-alimentacao-dos-jovens-no-brasil/. Acesso em: 25/3/2021.)

1. A Organização Mundial da Saúde alerta para:

    a) as transformações biológicas dos jovens.

    b) as mudanças que ocorrem no cérebro, no período da adolescência.

    c) a má alimentação dos jovens e o aumento da obesidade.

    d) a independência dos jovens nos dias atuais.

2. A principal causa da obesidade em adolescentes de 12 a 17 anos é:

    a) a falta de orientação dos pais ou responsáveis e dos educadores escolares.

    b) a liberdade de escolha alimentar e a má alimentação diária.

    c) o fato de serem destemidos e independentes.

    d) a influência biológica, que afeta o adolescente nessa faixa etária.

3. O texto ganha um tom irônico na frase:

    a) "Pois a coragem típica dessa fase parece sumir na hora das refeições, quando uma folha de alface gera mais pavor do que escalar uma árvore."

    b) "Os profissionais de saúde enfrentam as consequências dos maus hábitos no dia a dia."

    c) "Na adolescência, há indícios de que mudanças no cérebro são responsáveis por deixar os jovens destemidos."

    d) "Há 40 anos, atendíamos um adolescente obeso a cada 100."

4. Pode-se considerar que há opinião em:

    a) "Em 1975, calcula-se que 11 milhões de adolescentes eram obesos."

    b) "Entre crianças e adolescentes, a incidência de obesidade cresce exponencialmente, e em todas as classes sociais."

    c) "A infância é um período determinante na aquisição de hábitos à mesa."

    d) "Números da Organização Mundial da Saúde refletem essa realidade."

Leia o texto a seguir e responda às questões 5 e 6.

Crie a sua profissão: o futuro do trabalho já começou

MASHUP DE ÁREAS

VEJA AS OCUPAÇÕES MAIS PREVISTAS POR FUTUROLOGISTAS, E COMO ELAS DEVEM EXIGIR O DOMÍNIO DE MAIS DE UMA ÁREA DE CONHECIMENTO

ARQ – Arquitetura • **AGRO** – Agronomia
PEDAG – Pedagogia • **ENG** – Engenharia
MKT – Marketing • **ECON** – Economia
ADM – Administração • **RP** – Relações-Públicas
TI – Tecnologia da Informação • **DIR** – Direito
QUI – Química • **MED** – Medicina • **BIO** – Biologia
PSI – Psicologia • **NUTRI** – Nutrição

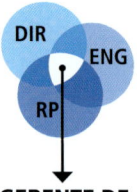

GERENTE DE ECORRELAÇÕES
Vai cuidar da integração das políticas ambientais de empresas e governos. Precisará de conhecimentos técnicos em engenharia ambiental e direito, além da capacidade de lidar com as áreas internas da companhia, os acionistas e os próprios consumidores.

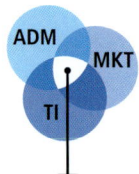

COORDENADOR DE IDENTIDADE VIRTUAL
Cuidará da formação e manutenção da imagem dos profissionais independentes, das companhias e das instituições governamentais. Precisará conhecer design, programação para redes sociais e o uso da realidade aumentada.

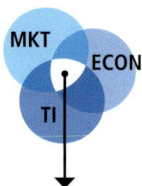

GERENTE DE E-COMMERCE
Lida com as estratégias para vender produtos e serviços por e usando a internet — a função já existe, mas vai ganhar muito mais importância, preveem os estudos. Será necessário entender de comunicação, programação e logística.

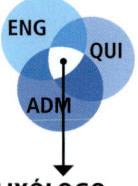

LIXÓLOGO
Será um gestor com especialização no descarte e na reciclagem de todo tipo de resíduo, desde o lixo doméstico até os detritos industriais e hospitalares. Ele também terá que trabalhar em estratégias para diminuir a produção de rejeitos.

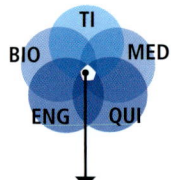

MODELADOR DE ÓRGÃOS
Quem conseguir reunir conhecimentos de tantas áreas vai valer ouro no mercado de trabalho. Será capaz de criar órgãos de reposição para pessoas que precisam de transplantes, soldados mutilados, portadores de deficiências ou atletas com lesões.

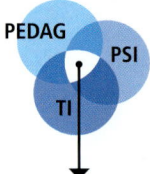

TUTOR DE EDUCAÇÃO À DISTÂNCIA
Não será um professor, mas um profissional capaz de lidar com milhares de alunos de cursos à distância. Ele acompanha todo o processo de aprendizagem de alunos em busca de mudanças na carreira. O mercado já existe, e está em franca expansão.

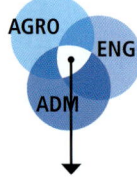

AGRICULTOR VERTICAL
Opção para produzir alimentos mais perto do consumidor final, também pode servir para revitalizar áreas urbanas degradadas. Vai se desenvolver ainda nesta década, primeiro em países que não têm terras para cultivo em qualidade suficiente.

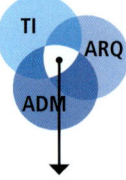

ARQUITETO DIGITAL
Terá o desafio de introduzir novas tecnologias em grandes espaços urbanos, sem descumprir as diferentes legislações das metrópoles. Vai programar o formato dos grandes painéis publicitários holográficos, layouts de sites e dos programas de televisão em 3D.

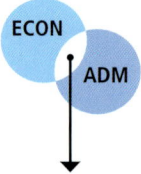

CONSELHEIRO DE APOSENTADORIA
O aconselhamento para ajudar na transição entre carreiras e na manutenção do patrimônio vai se tornar uma necessidade. Levantamento do Programa de Estudos do Futuro, da FIA, diz que esta é a quarta carreira emergente mais promissora.

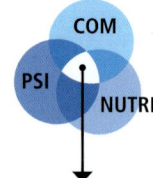

GESTOR DE QUALIDADE DE VIDA
Além de saúde financeira, a nova geração não abrirá mão da qualidade de vida. Esta versão de um personal treiner vai monitorar a qualidade da moradia, da alimentação e até mesmo dos relacionamentos com seus amigos e familiares.

(Disponível em: http://revistagalileu.globo.com/Revista/Common/0,,ERT343607-17773,00.html. Acesso em: 25/3/2021.)

5. De acordo com o texto, as novas ocupações vão exigir do profissional:

a) noções básicas de todas as áreas de conhecimento.

b) domínio amplo de matemática, informática e relações públicas.

c) domínio da área de tecnologia digital.

d) conhecimento interdisciplinar e domínio das relações interpessoais.

6. Segundo o texto, a área que mais terá êxito no mercado do futuro será:

a) a de gestor de qualidade de vida, pois cuidará da alimentação e da saúde.

b) a de tutor de educação a distância, pois já existe no mercado e está se ampliando.

c) a de agricultor vertical, pois há, cada vez mais, escassez de terras para plantio no mundo.

d) a de modelador de órgãos, profissional altamente qualificado, que trabalhará na área de transplantes.

Leia este meme e responda às questões 7 e 8:

7. A expressão **a gente** refere-se:

a) aos gatos, principalmente.

b) aos seres humanos em geral.

c) a todos os que querem ter uma vida semelhante à dos animais.

d) a quem postou o meme nas redes sociais.

(Adaptado. Disponível em: https://www.facebook.com/memesacessiveis/posts/627278817961629/ Acesso em: 25/3/2021.)

8. O humor do meme reside no fato de:

a) o ser humano se preparar para a maturidade, mas, quando a alcança, rejeita-a, aspirando a uma vida mais tranquila.

b) o ser humano estar sempre insatisfeito com seu estado atual e desejar mudanças permanentemente.

c) um animal como o gato adquirir desejos humanos e imitar o estilo de vida dos seres humanos.

d) o gato ter uma vida tranquila e sem compromissos.

Leia o texto e responda às questões 9 e 10.

O cérebro adolescente: A neurociência da transformação da criança em adulto

Cabeça de adolescente é um mistério, e só resta aos pais torcer para que esta fase passe logo... ou não? Numa abordagem original, a neurocientista Suzana Herculano-Houzel revela que a adolescência é um período necessário e desejável da vida. O que acontece na cabeça do adolescente é muito mais do que uma simples enxurrada hormonal: seu comportamento é fruto de um cérebro que passa por uma grande reformulação. Como resultado, aparecem a rejeição dos pais, a busca por novidades e riscos, as paixões. Longe de serem ruins, são essas mudanças no cérebro que permitem o aprendizado e o amadurecimento que tornam o adolescente em um adulto independente, sensato e bem ajustado à sociedade.

(Disponível em: https://www.amazon.com.br/cérebro-adolescente-neurociência-transformação-criança-ebook/dp/B00VC8HOH6. Acesso em: 25/3/2021.)

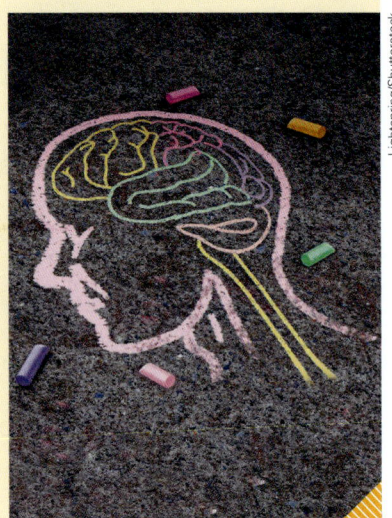

9. Pelas características do texto, infere-se que ele é:

a) um comentário de internet.

b) a apresentação de um novo trabalho da neurocientista.

c) um texto de divulgação científica que explica o funcionamento do cérebro adolescente.

d) um texto didático, comum em livros de Biologia.

10. Segundo o texto, a abordagem da autora é diferente das convencionais, pois considera a adolescência:

a) uma enxurrada de hormônios que põe o jovem em conflito com os pais.

b) uma fase indesejável para todos, pois o adolescente se torna problemático e antissocial.

c) bem-vinda, pois faz parte do aprendizado e do amadurecimento do ser humano.

d) resultado dos conflitos familiares e sociais pelos quais o jovem tem de passar para poder aprender e amadurecer.

Leia a anedota abaixo, de autoria anônima, que circulou nas redes sociais, e responda à questão 11.

O adolescente para a funcionária da casa:
— Maria, você prometeu que não diria para minha mãe a hora que cheguei.
A funcionária:
— E não disse! A tua mãe perguntou e eu respondi que estava ocupada fazendo o almoço e que nem olhei as horas...

11. O humor da anedota está:

a) na postura irreverente do adolescente, que conta com a ajuda da funcionária para enganar a mãe.

b) na ingenuidade da funcionária, que acabou se traindo.

c) no tipo de relação entre a funcionária e o adolescente.

d) no tipo de pedido que o adolescente faz à funcionária.

Leia este texto e responda às questões 12 e 13:

Adolescente comemora 15 anos com aniversário solidário e distribui 200 'quentinhas' a pessoas sem-teto no Recife

Em vez de um baile de debutante, ações solidárias pela cidade do Recife para comemorar o aniversário de 15 anos. Foi isso que fez a adolescente Carolina Miranda, no último final de semana de julho. Ela se juntou a parentes e amigos para distribuir mudas de plantas para vizinhos do prédio onde mora, rosas brancas no trânsito e quentinhas para pessoas sem-teto.

A comemoração estava sendo planejada pela aniversariante desde o ano passado. "Ela fez um roteirozinho das atividades e ações que ela gostaria de fazer. E foi do jeitinho que ela quis, de maneira simples, mas com muito amor", contou Raquel Falcão, mãe de Carolina. [...]

"Ela compartilhou esse bem com muitas pessoas, mas o que ela fez para a gente, familiares, pessoas mais próximas e amigos, de fato, nos fez repensar muitas coisas. É um aprendizado e um orgulho muito grande que a gente está sentindo dela", afirmou Felipe Miranda, pai dela.

(Disponível em: https://g1.globo.com/pe/pernambuco/noticia/2020/07/27/adolescente-comemora-15-anos-com-aniversario-solidario-e-distribui-200-quentinhas-a-pessoas-sem-teto-no-recife.ghtml. Acesso em: 25/3/2021.)

12. A ação de Carolina pode ser considerada:

I. altruísta, ao doar marmitas para as pessoas sem alimento.
II. social, ao doar mudas de plantas para vizinhos e rosas como símbolo de paz, no trânsito.
III. egocêntrica, agindo de forma politicamente correta.
IV. incoerente, pois não condiz com ações de um adolescente.

Estão corretas as alternativas:

a) I, II.   b) I, II, III.   c) I, III.   d) I, II, IV.

13. É possível inferir do texto, particularmente pelo comentário do pai, que as ações de Carolina:

a) não alteraram as relações familiares, pois eles já possuíam valores solidários arraigados.

b) despertaram compaixão pelas pessoas que vivem nas grandes cidades violentas.

c) desencadearam reflexões na família e nos amigos próximos, fazendo-os rever certos valores.

d) contribuíram para que houvesse maior estreitamento entre a menina, os pais e os amigos.

Leia o texto a seguir e responda às questões 14 e 15.

A preguiça humana

Se você é daqueles que esperam a visita da disposição física para fazer exercícios, desista

[...]
Pessoas instruídas estão cansadas de ler a respeito dos benefícios que a atividade física traz para o corpo humano [...]. Por que, então, preferem aguardar pacientemente [na escada rolante] a descer um lance de degraus às custas das próprias pernas?

Por uma razão simples: o exercício físico vai contra a natureza humana. Que outra explicação existiria para o fato de o sedentarismo ser praticamente universal entre os que conseguem ganhar a vida no conforto das cadeiras?

A preguiça para movimentar o esqueleto não é privilégio de nossa espécie: nenhum animal adulto gasta energia à toa. No zoológico, leitor, você jamais encontrará uma onça dando um pique aeróbico, um gorila levantando peso, uma girafa galopando para melhorar a forma física. A escassez milenar de alimentos na natureza fez com que os animais adotassem a estratégia de reduzir o desperdício energético ao mínimo.

A necessidade de poupar energia moldou o metabolismo de nossa espécie de maneira tal que toda caloria ingerida em excesso será armazenada sob a forma de gordura, defesa do organismo para enfrentar as agruras dos dias de jejuns prolongados que porventura possam ocorrer.

Por causa dessas limitações biológicas, se você é daquelas pessoas que esperam a visita da disposição física para começar a fazer exercícios com regularidade, desista. Ela jamais virá. Disposição para sair da cama todos os dias, calçar o tênis e andar até o suor escorrer pelo rosto nenhum mortal tem.

Encare a atividade física com disciplina militar ou esqueça-se dela. Na base do "quando der, eu faço", nunca dará.

[...]

(Drauzio Varella. Disponível em: https://www1.folha.uol.com.br/fsp/ilustrad/fq1204200829.htm. Acesso em: 21/5/2021.)

14. O tema central do texto é:
a) o exercício como atividade militar que deve ser adotada por todos.
b) a sensação de bem-estar causada pelos exercícios físicos.
c) a razão de o ser humano não gostar de exercícios.
d) a preguiça, que desde a Pré-História acompanhava os seres humanos em sua busca por alimentos.

15. Segundo o texto, a origem da preguiça está:
a) em razões psicológicas, pois as pessoas não gostam de se exercitar.
b) em causas sociais, pois nem todos têm consciência dos benefícios do exercício.
c) em motivos econômicos, pois nem todos têm condições de frequentar uma academia.
d) em razões biológicas, já que nosso corpo historicamente tende a reduzir o desperdício energético ao mínimo.

Leia o texto, extraído da página de internet da União Brasileira dos Estudantes Secundaristas (UBES), e responda às questões 16 a 18:

(Disponível em: https://ubes.org.br/gremios/. Acesso em: 25/3/2021.)

16. Marque a afirmativa correta a respeito do texto.

a) O texto é a página de abertura do *site* e visa esclarecer a finalidade e o papel da entidade.

b) O texto é instrucional e tem o objetivo de ensinar as escolas secundaristas a criar um grêmio.

c) O texto é um artigo de opinião que discute a importância de os estudantes secundaristas terem uma entidade livre que os represente.

d) O texto tem natureza didática e seu objetivo é ensinar o que é um grêmio.

17. A cada ano, os grêmios devem reiniciar o processo eleitoral a partir do passo 3 porque:

a) as chapas para a eleição já estão formadas.

b) a entidade já está formada; renova-se apenas a diretoria.

c) a diretoria já está formada; reitera-se junto à escola o papel do grêmio.

d) a entidade e a diretoria precisam passar por nova organização.

18. Observe os ícones utilizados no texto, que visam sintetizar e reforçar a ideia central de cada passo. Eles podem ser associados, respectivamente, a:

a) comunicar à comunidade o processo de formação do grêmio; formar uma comissão; definição de chapas e propostas; eleição e apuração; posse da diretoria.

b) formar uma comissão; comunicar à comunidade o processo de formação do grêmio; definição de chapas e propostas; eleição e apuração; posse da diretoria.

c) comunicar à comunidade o processo de formação do grêmio; definição de chapas e propostas; formar uma comissão; eleição e apuração; posse da diretoria.

d) formar uma comissão; definição de chapas e propostas; comunicar à comunidade o processo de formação do grêmio; posse da diretoria; eleição e apuração.

Leia o texto da psicóloga Rosely Sayão e responda às questões 19 a 22:

Formaturas espetaculares

O consumo e, consequentemente, a publicidade, intensificaram-se muito nas últimas décadas. Anos atrás, a publicidade veiculada nas mídias era bem diferente.

O núcleo principal de quase todas elas eram as características dos produtos anunciados, que eram bem enaltecidas. As peças publicitárias tentavam convencer o consumidor de que o produto que vendiam era especial e, por isso, deveria ser o escolhido entre tantos produtos similares. Outro foco era a marca, que funcionava mais ou menos como um indicador de qualidade.

Além disso, o público-alvo dos anúncios eram os adultos. Eles eram considerados os consumidores por excelência porque detinham o poder de decisão de compra.

Hoje, muitas vezes assistimos a um comercial e ao final dele não lembramos bem qual foi o produto anunciado. É que o foco das peças atuais não é o produto, e sim o estilo de vida prometido a quem o comprar. Se você comprar o carro tal, terá êxito na vida etc. Essa foi uma mudança e tanto, porque hoje todos consomem determinados estilos de vida.

Outra mudança radical foi o público-alvo da publicidade: saiu o adulto e entrou o jovem. Ou o adulto travestido de jovens. É que, mesmo sem ter poder aquisitivo, são o jovem e a criança que quase sempre decidem o que os pais devem comprar.

Na era do consumo, os jovens têm consumido de tudo e em exagero. O alcance da publicidade é maior do que o dos objetos anunciados. E os pais têm aceitado tal situação, mesmo quando consideram exagerado.

E meu exemplo de hoje a esse respeito são festas de formatura do ensino médio.

Li uma reportagem informando que festas desse tipo chegam a custar o valor equivalente ao de um apartamento. Quando li a notícia, fui checar com conhecidos, com formandos e na internet.

Há festas para quase todos os bolsos e há, sim, festas que custam uma pequena fortuna, cujo valor relativo os jovens não têm condições de avaliar.

Eles não estão interessados em celebração, despedidas etc. Estão querendo mais é o tal estilo de vida que vem sendo anunciado por quase todas as peças publicitárias.

Nossa pergunta deve ser: "Por que bancamos essas atitudes deles?". Será por querermos a mesma coisa?

(Disponível em: https://m.folha.uol.com.br/colunas/roselysayao/2013/04/1259174-formaturas-espetaculares.shtml. Acesso em: 25/3/2021.)

19. A tese defendida pela autora do texto, Rosely Sayão, é a de que:

a) os jovens consomem mais do que os adultos.

b) os adultos possibilitam ao jovem consumir exageradamente.

c) a publicidade é direcionada para o consumidor adulto com poder de compra.

d) a publicidade se modificou e gerou mais consumo.

20. Segundo o texto, a publicidade de anos atrás focava:

a) as características do produto, a marca e o público jovem.

b) as características do produto, a marca e o público adulto.

c) as características do produto, o estilo de vida e o público adulto.

d) os produtos apresentados como especiais, as marcas e o público jovem e adulto.

21. Para fundamentar sua tese, a autora afirma que a publicidade procura vender mais um "estilo de vida" do que um produto e foca o consumidor jovem, embora ele não tenha poder de compra. Isso ocorre, segundo ela, porque os pais:

a) procuram controlar o impulso consumista de seus filhos.

b) são influenciados pela mídia a consumir os produtos oferecidos por ela.

c) são influenciados pelos filhos e compram tudo o que eles querem.

d) não são influenciados pelos filhos nem pela mídia a consumir determinados produtos.

22. Releia este trecho do texto:

"Eles não estão interessados em celebração, despedidas etc. Estão querendo mais é o tal estilo de vida que vem sendo anunciado por quase todas as peças publicitárias.
Nossa pergunta deve ser: 'Por que bancamos essas atitudes deles?'. Será por querermos a mesma coisa?"

Podemos inferir que, na opinião da autora:

a) os adultos, ao apoiar e bancar as atitudes consumistas dos jovens, parecem também desejar o "tal estilo de vida" divulgado pela propaganda.

b) os adultos não desejam o "tal estilo de vida", mas são forçados pelos jovens a aceitá-lo.

c) apenas os jovens desejam o "tal estilo de vida" divulgado pela propaganda.

d) os adultos são os que mais desejam o "tal estilo de vida" e estimulam os jovens a consumir os produtos anunciados pela propaganda.

Capítulo 9

Alteridade

Há uma frase conhecida que diz: "O meu direito termina onde começa o direito do outro". Será possível viver numa sociedade plural e justa, sem que uns se sobreponham a outros, um mundo em que o outro tenha a mesma importância que eu?

Leia o texto a seguir, do filósofo Mario Sergio Cortella.

"Nosotros"

[...] Christoforus Columbus! Quantas vezes é lembrado por ter oficialmente chegado a um continente ainda desconhecido pelos reinos europeus da Renascença! Nascido em Gênova, não encontrou em sua pátria, a atual Itália, acolhida para os seus sonhos ou, como pensaram muitos, para seus delírios. Procurou apoio em Portugal, mas lá foi rejeitado.

A fortuna e também a miséria vieram de seu trabalho a serviço da monarquia católica hispânica. Com financiamento obtido de Fernando de Aragão e de Isabel de Castela, acredita-se ter o famoso navegador esbarrado nas contemporâneas Bahamas em 12 de outubro de 1492. No entanto nem seu nome esse "novo mundo" recebeu, ficando a honraria para o compatriota florentino Américo Vespúcio.

Cristóbal Colón! Assim chamado no idioma mais robustamente germinado por aragoneses e castelhanos, introdutor do espanhol nas terras que agora são El Salvador, Cuba, Haiti, Trinidad, Honduras, Jamaica etc. Não é raro ser mais conhecido e, assim, continuamente amaldiçoado pelo fato de ter trazido para essas **plagas** a violência conquistadora, a ganância aventureira, o predador humano. Ficou marcado como o responsável simbólico pelo genocídio em nome da civilização e pela destruição de povos, culturas, religiões, línguas, saberes e poderes em nome da cruz e da espada. Falta pouco para, com razão, a ele imputarmos a responsabilidade pelos malefícios resultantes da globalização tal como hoje está, pois essa ânsia de **hegemonia** global principiou, há mais de 500 anos, exatamente com as grandes navegações e, agora, está atingindo seu ápice.

Colombo! Um dos maiores e mais audaciosos marinheiros da história, fiel seguidor da máxima "navegar é preciso, viver não é preciso" (por muitos atribuída ao genial Fernando Pessoa e, por outros mais desavisados, a Caetano Veloso), sabia que esse foi o incentivo pronunciado pelo general Pompeu no século 1º a.C., quando a esquadra romana teve de cruzar o Mediterrâneo durante uma tempestade quase diluviana. Triste sina! Mesmo com todo esse histórico, seu nome é usado em muitos momentos como exemplo negativo para indicar qualquer pessoa dispersiva ou sem rumo certo na vida, que não sabe o que quer e que, como ele, partiu sem saber aonde chegaria e, quando chegou, não sabia onde estava.

No entanto reconheça-se: a maior contribuição de Colombo não foi ter colocado um ovo em pé ou ter aportado por aqui depois de singrar mares nunca dantes navegados. Colombo precisa ser lembrado como a pessoa que permitiu a nós, falantes do inglês, do francês ou do português, que tivéssemos contato com uma língua que, do México até o extremo sul da América, é capaz de nos ensinar a dizer "nosotros" em vez de apenas "we", "nous" ou "nós", afastando a arrogante postura do "nós" de um lado e do "vocês" do outro. Pode parecer pouco, mas "nós" é quase barreira que separa, enquanto "nosotros" exige perceber uma visão de alteridade, isto é, ver o outro como um outro, e não como um estranho. Afinal, quem são os outros de nós mesmos? O mesmo que somos para os outros, ou seja, outros!

Em meio a tantas práticas homicidas **oriundas** de uma globalização tendencial, mas não obrigatoriamente egoísta e **excludente**, um passo importante é poder incorporar essa herança linguística positiva trazida por Colombo e alterar os idiomas, começando a dizer por aqui um pouco mais de "nós outros". Isso, sim, pode gerar um novo mundo.

(Disponível em: https://www1.folha.uol.com.br/fsp/equilibrio/eq0910200318.htm. Acesso em: 23/3/2021.)

excludente: o que exclui.
hegemonia: superioridade, supremacia.
oriundo: originário, advindo.
plaga: região, país.

1. Cortella discute, no texto, o papel de uma figura histórica polêmica: Cristóvão Colombo.

   a) Qual foi o grande feito de Cristóvão Colombo?

   b) Explique este trecho do texto: "No entanto nem seu nome esse 'novo mundo' recebeu, ficando a honraria para o compatriota florentino Américo Vespúcio".

2. Segundo o autor, "Não é raro ser mais conhecido e, assim, continuamente amaldiçoado pelo fato de ter trazido para essas plagas a violência conquistadora, a ganância aventureira, o predador humano".

   a) Explique essa afirmação associada a Cristóvão Colombo.

   b) O mesmo ocorre com a história do Brasil? Justifique sua resposta.

3. Segundo Cortella, "Falta pouco para, com razão, a ele imputarmos a responsabilidade pelos malefícios resultantes da globalização [...]". Que relação pode haver entre Cristóvão Colombo e o recente fenômeno da globalização?

"NAVEGAR É PRECISO" E A TRADIÇÃO

No século I a.C., o general romano Pompeu, para estimular os marinheiros receosos, disse a frase "Navigare necesse, vivere non est necesse".

No século XIV, o poeta italiano Petrarca transformou a expressão latina em "Navegar é preciso, viver não é preciso". No século XX, o poeta português Fernando Pessoa retoma a frase e a incorpora num de seus textos mais conhecidos, aplicando-a à sua concepção de arte. Veja:

> Navegadores antigos tinham uma frase gloriosa:
>
> "Navegar é preciso; viver não é preciso".
>
> Quero para mim o espírito [d]esta frase,
> transformada a forma para a casar com o que eu sou:
>
> Viver não é necessário; o que é necessário é criar.
> Não conto gozar a minha vida; nem em gozá-la penso.
> Só quero torná-la grande,
> ainda que para isso tenha de ser o meu corpo e a (minha alma)
> [a lenha desse fogo.
>
> Só quero torná-la de toda a humanidade;
> ainda que para isso tenha de a perder como minha.
> Cada vez mais assim penso.
>
> Cada vez mais ponho na essência anímica do meu sangue
> o propósito impessoal de engrandecer a pátria e contribuir
> para a evolução da humanidade.
>
> É a forma que em mim tomou o misticismo da nossa Raça.

(Disponível em: http://www.dominiopublico.gov.br/download/texto/jp000001.pdf. Acesso em: 29/3/2021.)

No século XX, Caetano Veloso, no fado "Argonautas" (1969), retoma essa frase, dando continuidade à tradição em língua latina.

4. O autor reconhece em Cristóvão Colombo um dos maiores marinheiros da história e cita a célebre máxima do general Pompeu: "Navegar é preciso, viver não é preciso".

   a) Levante hipóteses: Por que muitas pessoas atribuem essa frase a Fernando Pessoa e a Caetano Veloso?

   b) Por que, segundo o texto, alguns entendem que Cristóvão Colombo não é merecedor dessa frase, embora tenha se destacado como marinheiro?

5. Para Cortella, a principal contribuição de Cristóvão é linguística, por ter introduzido em nosso continente a palavra **nosotros**.

   a) Por que a palavra **nosotros** é diferente de outros pronomes de outras línguas, como **nós**, **we** e **nous**?

   _____
   _____

   b) Por que, segundo o autor, o pronome **nós** impõe uma "barreira arrogante"?

   _____
   _____

6. Segundo Cortella, "'nosotros' exige perceber uma visão de alteridade, isto é, ver o outro como um outro, e não como um estranho. Afinal, quem são os outros de nós mesmos? O mesmo que somos para os outros, ou seja, outros!".

   a) O que é alteridade?

   _____
   _____

   b) Por que **nosotros** exige uma percepção de alteridade?

   _____
   _____
   _____

7. Na conclusão do texto, o autor apresenta uma proposta:

   > "[...] um passo importante é poder incorporar essa herança linguística positiva trazida por Colombo e alterar os idiomas, começando a dizer por aqui um pouco mais de 'nós outros'. Isso, sim, pode gerar um novo mundo."

   Observe que, nesse parágrafo, o autor grafa a expressão desta forma: "**nós outros**". Como você entende essa proposta: Ela consiste em alterar o nosso idioma, substituindo o pronome **nós** por **nós outros**? Se não, em que ela consiste?

   _____
   _____
   _____
   _____

Palavras em contexto

1 O texto é iniciado com o nome latino do navegante, Christophorus Columbus, e não com seu nome em português ou em espanhol, Cristóbal Colón. Que efeito de sentido essa escolha cria no texto?

_____
_____
_____
_____
_____
_____
_____

2 Ao produzir um texto, o autor pode **modalizar** o seu discurso, dando mostras de maior ou menor comprometimento em relação ao que está dizendo, revelando dúvida, certeza, hipótese, condição, etc. No trecho "[...] acredita-se ter o famoso navegador esbarrado nas contemporâneas Bahamas em 12 de outubro de 1492":

a) Que palavra ou expressão modaliza o discurso do autor?

_____
_____

b) Que sentido produz essa modalização?

_____
_____
_____
_____

3 O título do texto é "Nosotros". Considerando os critérios que geralmente orientam a titulação de um texto, levante hipóteses: Que razões podem ter levado o autor a escolher um título como esse?

_____
_____
_____
_____
_____

Capítulo 9

141

Texto e intertexto

Leia o texto a seguir, de Fernando Sabino.

O menino e o homem

[...]

Naquele dia, assim que a chuva passou, fui como sempre brincar no quintal. Descalço, pouco me incomodando com a lama em que meus pés se afundavam, gostava de abrir regos para que as poças d'água, como pequeninos lagos, escorressem pelo declive do terreno, formando o que para mim era um caudaloso rio. E me distraía fazendo descer por ele barquinhos de papel, que eram grandes caravelas de piratas.

Desta vez, o que me distraiu a atenção foi uma fila de formigas a caminho do formigueiro, lá perto do bambuzal, e que o rio aberto por mim havia interrompido. As formiguinhas iam até a margem e, atarantadas, ficavam por ali procurando um jeito de atravessar. Encostavam a cabeça umas nas outras, trocando ideias, iam e vinham, sem saber o que fazer. Algumas acabavam tão desorientadas com o imprevisto obstáculo à sua frente que recuavam caminho, atropelando as que vinham atrás e estabelecendo na fila a maior confusão.

Resolvi colaborar, apelando para os meus conhecimentos de engenharia.

Em poucos instantes construí uma ponte com um pedaço de bambu aberto ao meio, e procurei orientar para ela, com um pauzinho, a fila de formigas.

Estava empenhado nisso, quando senti que havia alguém em pé atrás de mim. Uma voz de homem, que soou familiar aos meus ouvidos, perguntou:

— Que é que você está fazendo?

Sem me voltar, tão entretido estava com as formigas, expliquei o que se passava. Logo consegui restabelecer o tráfego delas, recompondo a fila através da ponte. O homem se agachou a meu lado, dizendo que várias formigas seguiam por um caminho, uma na frente de duas, uma atrás de duas, uma no meio de duas. E perguntou:

— Quantas formigas eram?

Pensei um pouco, fazendo cálculos. Naquele tempo eu achava que era bom em aritmética: uma na frente de duas faziam três; uma atrás de duas eram mais três; uma no meio de duas, mais três.

— Nove! — exclamei, triunfante.

Ele começou a rir e sacudiu a cabeça, dizendo que não: eram apenas três, pois formiga só anda em fila, uma atrás da outra.

Então perguntei a ele o que é que cai em pé e corre deitado.

— Cobra? — ele arriscou, enrugando a testa, intrigado.

Foi a minha vez de achar graça:

— Que cobra que nada! É a chuva — e comecei a rir também.

— Você sabe o que é que caindo no chão não quebra e caindo n'água quebra?

— Sei: papel.

Gostei daquele homem: ele sabia uma porção de coisas que eu também sabia. Ficamos conversando um tempão, sentados na beirada da caixa de areia, como dois amigos, embora ele fosse cinquenta anos mais velho do que eu, segundo me disse. Não parecia. Eu também lhe contei uma porção de coisas. Falei na minha galinha Fernanda, nos milagres que um dia andei fazendo, e de como aprendi a voar como os pássaros, e a minha aventura de escoteiro perdido na selva [...].

[...]

O homem disse que tinha de ir embora — antes queria me ensinar uma coisa muito importante:

— Você quer conhecer o segredo de ser um menino feliz para o resto da sua vida?

— Quero — respondi.

O segredo se resumia em três palavras, que ele pronunciou com intensidade, mãos nos meus ombros e olhos nos meus olhos:

— Pense nos outros.

Na hora achei esse segredo meio sem graça. Só bem mais tarde vim a entender o conselho que tantas vezes na vida deixei de cumprir. Mas que sempre deu certo quando me lembrei de segui-lo, fazendo-me feliz como um menino.

O homem se curvou para me beijar na testa, se despedindo:

— Quem é você? — perguntei ainda.

Ele se limitou a sorrir, depois disse adeus com um aceno e foi-se embora para sempre.

(*O menino no espelho*. 43. ed. Rio de Janeiro: Record, 1996. p. 14-18.)

1 O texto narra uma situação vivida por um menino de imaginação fértil que gostava de brincar no quintal de sua casa.

a) Que expressão do 1º parágrafo desse texto sugere que a brincadeira no quintal era um hábito?

_____

b) Baseando-se no tipo de brincadeira e na imaginação do menino, levante hipóteses: Qual era a idade dele, aproximadamente?

_____

2 A brincadeira do menino causou um problema para as formigas.

a) O que ele fez para causar esse problema?

_____
_____
_____

b) Como o menino resolveu o problema?

_____
_____

3 No momento em que o menino está restabelecendo o tráfego das formigas, um homem se aproxima. Por que o menino não se assusta com a presença do homem?

_____
_____

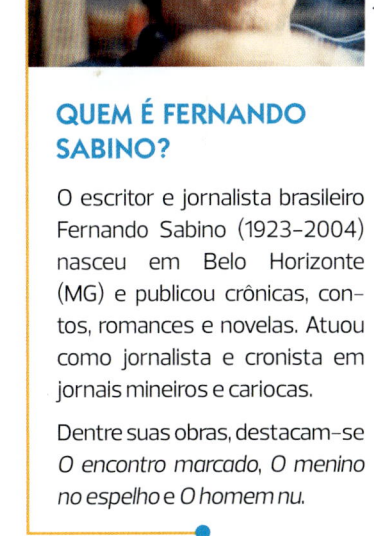

QUEM É FERNANDO SABINO?

O escritor e jornalista brasileiro Fernando Sabino (1923–2004) nasceu em Belo Horizonte (MG) e publicou crônicas, contos, romances e novelas. Atuou como jornalista e cronista em jornais mineiros e cariocas.

Dentre suas obras, destacam-se *O encontro marcado*, *O menino no espelho* e *O homem nu*.

4 O homem desafia o menino com uma pergunta.

   a) O que o menino acha que a pergunta é?

   _____

   b) Qual é a reação do menino à pergunta do homem?

   _____

5 O menino e o homem conversam como dois amigos.

   a) O que aproxima os dois?

   _____

   b) Qual é a principal diferença entre eles?

   _____

6 Antes de partir, o homem conta ao menino o segredo da felicidade: "— Pense nos outros".

   a) Troque ideias com os colegas e interprete: O que o homem quis dizer com esse conselho?

   _____
   _____

   b) Levante hipóteses: Por que o menino, na hora, achou o conselho sem graça, embora mais tarde tenha reconhecido o valor dele?

   _____
   _____

7 Quem é o narrador em "O menino e o homem"? Justifique sua resposta com elementos do texto.

   _____
   _____
   _____

8 Compare o texto de Mario Sergio Cortella com o de Fernando Sabino. O que os textos têm em comum?

   _____
   _____
   _____

O MENINO NO ESPELHO NO CINEMA

A obra *O menino no espelho*, de Fernando Sabino, da qual foi extraído o texto em estudo, foi adaptada para o cinema em 2014. Dirigido pelo cineasta Guilherme Fiúza Zenha, o filme conta a história de Fernando, um garoto de 10 anos que vive em Belo Horizonte, na década de 1930. Ele gosta de brincar com os amigos na rua e lamenta perder muitas horas de seu dia para ir à escola e fazer as tarefas do dia.

Quem faz o papel de Fernando é Lino Faciole, ator mirim anglo-brasileiro que atuou na série *Game of Thrones*.

Exercícios

Leia o texto a seguir e responda às questões 1 a 3.

País tem 7,2 milhões de pessoas que fazem trabalho voluntário

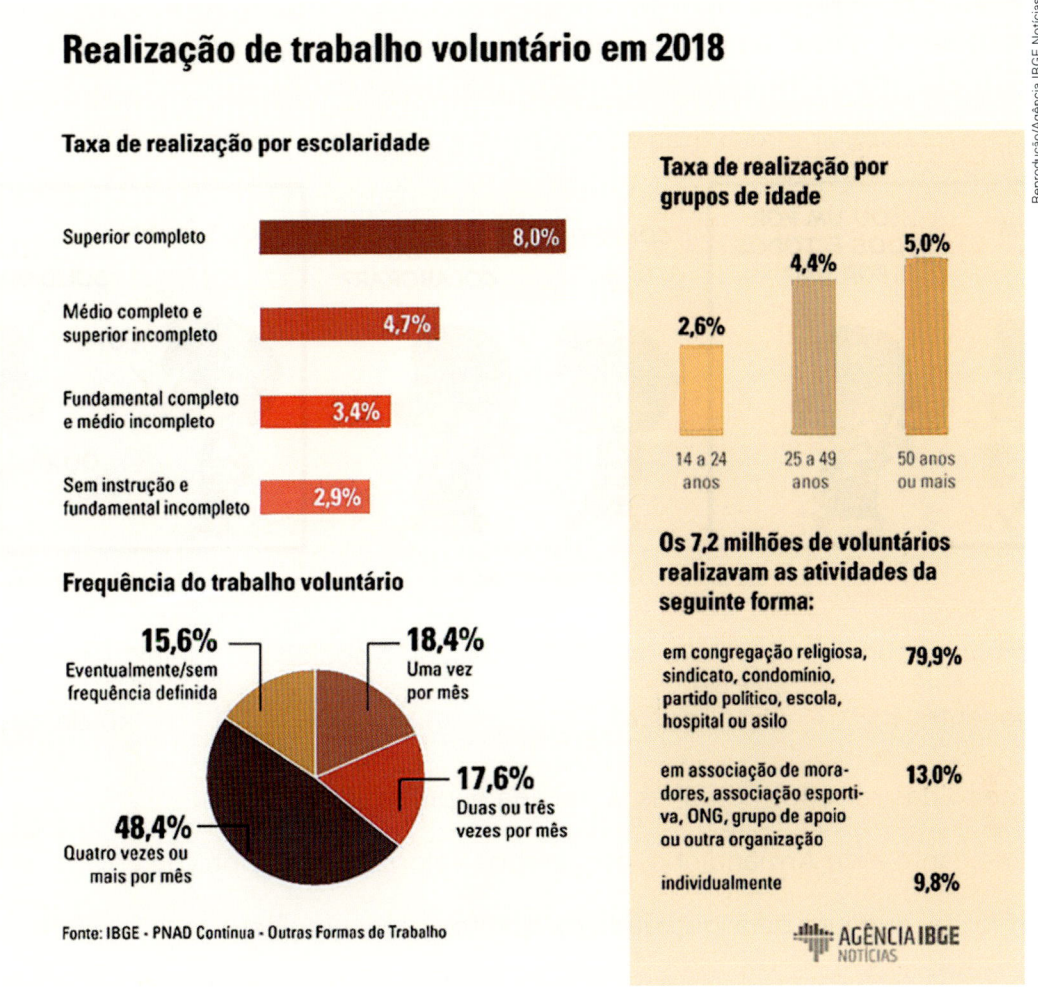

(Disponível em: https://agenciadenoticias.ibge.gov.br/agencia-noticias/2012-agencia-de-noticias/noticias/24268-pais-tem-7-2-milhoes-de-pessoas-que-fazem-trabalho-voluntario. Acesso em: 27/3/2021.)

1 - O perfil do voluntário é de uma pessoa:
   a) menos madura e sem instrução escolar.
   b) mais madura, com ensino fundamental completo.
   c) mais madura e mais escolarizada.
   d) madura e sem instrução escolar.

2 - Os voluntários, em sua maioria:
   a) são compromissados com seu trabalho voluntário.
   b) não se preocupam com um trabalho voluntário constante.
   c) preferem um compromisso esporádico, para não haver cobranças.
   d) são compromissados, porém não fazem um trabalho sistematizado.

3. O trabalho dos voluntários está ligado principalmente a:

   a) ONGs e grupos de apoio.

   b) associações de moradores e associações esportivas.

   c) agremiações políticas, asilos e hospitais.

   d) entidades religiosas e políticas, hospitais, asilos, escolas, condomínios.

Leia o texto a seguir e responda às questões 4 a 6.

(Disponível em: https://tirasarmandinho.tumblr.com. Acesso em: 27/3/2021.)

4. Armandinho conversa com sua amiga. Em relação à sociedade, ele exprime uma visão:

   a) egocêntrica.   b) altruísta.   c) solidária.   d) de alteridade.

5. A respeito das relações humanas, a menina exprime uma visão:

   a) semelhante à de Armandinho, pois ambos valorizam o espírito de colaboração.

   b) feminista, que luta pela igualdade de direitos para a mulher.

   c) infantilizada, pois não condiz com a realidade do mundo adulto e contemporâneo.

   d) humanitária e de alteridade a respeito das relações humanas.

6. No último quadrinho, há um jogo de palavras:

   a) criado a partir da oposição entre **eu/solitário** e **nós/solidário**, que mostra com pessimismo a possibilidade de os seres humanos terem pensamentos comuns.

   b) criado a partir dos pares **solitário/solidário** e **eu/nós**, que sintetizam a ideia de contraposição entre individualismo e solidariedade, existentes na sociedade.

   c) que retrata, pelas oposições de sentido, a falta de perspectiva que há na sociedade em relação a atitudes solidárias e colaborativas.

   d) cuja finalidade é sugerir, pelas oposições, uma atmosfera de *nonsense,* isto é, um contexto absurdo e sem lógica da realidade em que vivemos.

Leia e compare as informações dos dois textos a seguir. Depois, responda às questões 7 a 11.

Texto 1

DECLARAÇÃO DAS NAÇÕES UNIDAS SOBRE OS DIREITOS DOS POVOS INDÍGENAS

Nações Unidas, 13 de setembro de 2007.
Sexagésimo período de sessões
Tema 68 do Programa
Informe do Conselho de Direitos Humanos

A Assembleia Geral:

Guiada pelos propósitos e princípios da Carta das Nações Unidas, e a boa-fé no cumprimento das obrigações assumidas pelos Estados de acordo com a Carta.

Afirmando que os povos indígenas são iguais a todos os demais povos e reconhecendo ao mesmo tempo o direito de todos os povos a ser diferentes, a considerar-se a si mesmos diferentes e a ser respeitados como tais.

[...]

Proclama solenemente a seguinte Declaração das Nações Unidas sobre os Direitos dos Povos Indígenas como ideal comum, que se deva perseguir em espírito de solidariedade e respeito mútuo:

Artigo 1 Os indígenas têm direito, como povos ou como pessoas, ao desfrute pleno de todos os direitos humanos e liberdades fundamentais reconhecidos pela Carta das Nações Unidas, pela Declaração Universal de Direitos Humanos e o direito internacional relativo aos direitos humanos.

Artigo 2 Os povos e as pessoas indígenas são livres e iguais a todos os demais povos e pessoas e têm o direito a não ser objeto de nenhuma discriminação no exercício de seus direitos fundado, em particular, em sua origem ou identidade indígena.

Artigo 3 Os povos indígenas têm direito à livre determinação. Em virtude desse direito, determinam livremente a sua condição política e perseguem livremente seu desenvolvimento econômico, social e cultural.

Artigo 4 Os povos indígenas, no exercício do seu direito à livre determinação, têm direito à autonomia ou ao autogoverno nas questões relacionadas com seus assuntos internos e locais, assim como os meios para financiar suas funções autônomas.

[...]

Artigo 6 Toda a pessoa indígena tem direito a uma nacionalidade.

Artigo 7. 1. As pessoas indígenas têm direito à vida, à integridade física e mental, à liberdade e a segurança da pessoa. 2. Os povos indígenas têm o direito coletivo de viver em liberdade, paz e segurança como povos distintos e não serão submetidos a nenhum ato de genocídio nem a outro ato de violência, incluindo a remoção forçada de um grupo para outro.

[...]

(Disponível em: https://www.acnur.org/fileadmin/Documentos/portugues/BDL/Declaracao_das_Nacoes_Unidas_sobre_os _Direitos_dos_Povos_Indigenas.pdf. Acesso em: 27/3/2021.)

Texto 2

CASOS DE VIOLÊNCIA CONTRA A POPULAÇÃO INDÍGENA (RELATÓRIO CIMI 2015)

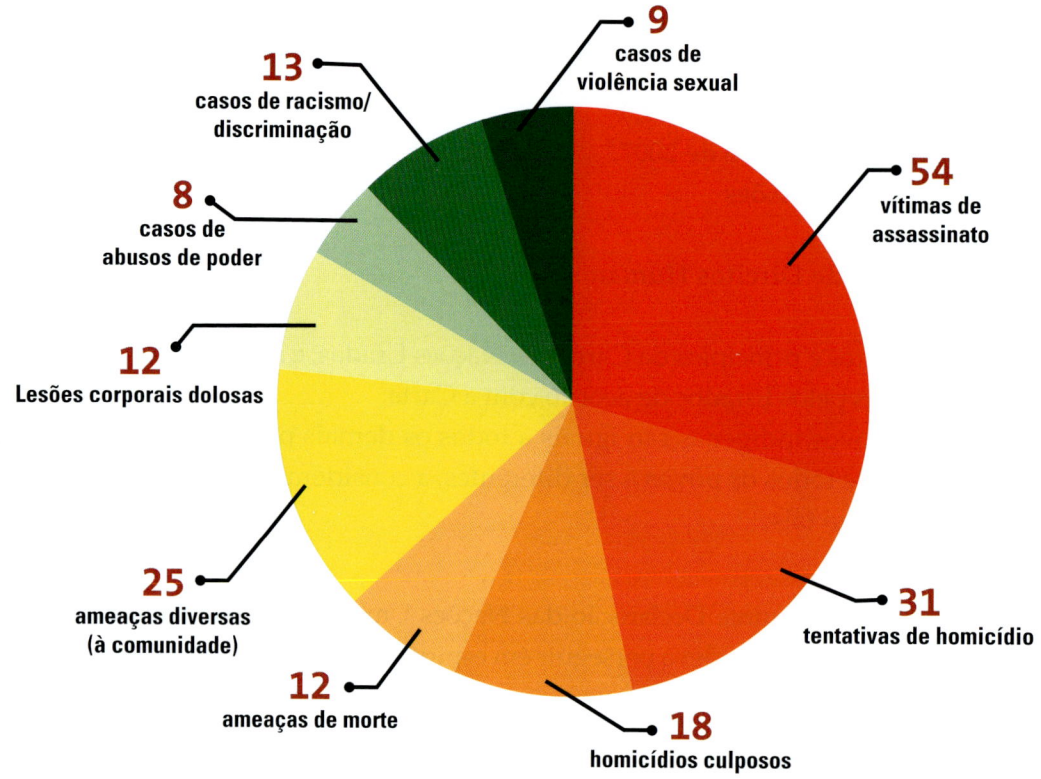

(Disponível em: https://www.jornaldocomercio.com/_conteudo/2017/05/cadernos/jornal_da_lei/564765-para-conselho-indigenista-missionario-funai-foi-sucateada.html. Acesso em: 27/3/2021.)

7. O texto 1 é um documento produzido pela Organização das Nações Unidas (ONU) em 2007. O papel do texto é definir os direitos dos povos indígenas:

   a) da Amazônia brasileira.

   b) de todo o Brasil.

   c) da América Latina.

   d) de todo o mundo.

8. Assinale a alternativa **falsa** em relação ao texto 1.

   a) Depois de apresentar uma introdução, esclarecendo os objetivos da Declaração, o documento enumera, na forma de artigos, cada um dos direitos dos indígenas.

   b) O texto apresenta um conjunto de direitos que têm valor de lei e integram a Constituição do Brasil.

   c) Por ser um texto que tem um caráter normativo, a linguagem é formal e está de acordo com a norma-padrão.

   d) O texto é dirigido a todos — indígenas e não indígenas — que queiram conhecer ou consultar os direitos fundamentais dos indígenas.

9. No trecho lido da Declaração, destaca-se:

   a) a igualdade de todos os povos quanto aos direitos fundamentais e o direito de ser diferente e ter suas diferenças respeitadas.

   b) a necessidade dos indígenas de preservarem sua identidade a todo custo, o que exige um tratamento diferenciado em relação a outros povos.

   c) um tom normativo e autoritário, próprio de documentos legais com valor de lei.

   d) uma atitude discriminatória e de superioridade em relação aos não indígenas.

10. O texto 2 apresenta um gráfico que informa os tipos de violência praticados contra indígenas. Observando os dados do gráfico, pode-se depreender que a população indígena:

    a) não sofre discriminação por causa de sua etnia ou de seu modo de vida.

    b) tem respeitados os seus direitos fundamentais, previstos na "Declaração das Nações Unidas sobre os direitos dos povos indígenas".

    c) sofre diferentes formas de violência e é desrespeitada em seus direitos fundamentais.

    d) sofre casos de violência, que não estão relacionados aos direitos fundamentais dos povos indígenas.

11. Entre os tipos de violência cometidos contra indígenas, os mais comuns são assassinatos e tentativas de homicídio. Juntando esses dados com o que você já conheceu no capítulo 4 deste volume — no texto de Daniel Krenak a respeito da situação vivida pelos indígenas em suas terras (p. 52-54) —, é possível inferir que esses atos de violência têm origem:

    a) na luta entre povos indígenas que disputam o poder.

    b) no conflito com garimpeiros e pecuaristas, por causa da invasão de terras indígenas.

    c) nos hábitos indígenas, que são discriminados por causa de suas diferenças sociais e culturais.

    d) nas diferenças religiosas e culturais dos indígenas, que provocam sentimentos de ódio entre os não indígenas.

Capítulo 10

As máscaras e o jogo social

Às vezes, parece que todo o mundo pensa e age de um único jeito, à exceção de nós. Você já teve a sensação de ser diferente do resto da humanidade?

O poema a seguir é de autoria do poeta português Fernando Pessoa. Leia-o e responda às questões propostas.

Poema em linha reta

Nunca conheci quem tivesse levado porrada.
Todos os meus conhecidos têm sido campeões em tudo.
E eu, tantas vezes reles, tantas vezes porco, tantas vezes vil,
Eu tantas vezes irrespondivelmente parasita,
Indesculpavelmente sujo,
Eu, que tantas vezes não tenho tido paciência para tomar banho,
Eu, que tantas vezes tenho sido ridículo, absurdo,
Que tenho enrolado os pés publicamente nos tapetes das
                                                  [etiquetas,
Que tenho sido grotesco, mesquinho, submisso e arrogante,
Que tenho sofrido enxovalhos e calado,
Que quando não tenho calado, tenho sido mais ridículo ainda;
[...]

Eu, que tenho feito vergonhas financeiras, pedido emprestado sem pagar,
Eu, que, quando a hora do soco surgiu, me tenho agachado
Para fora da possibilidade do soco;
Eu, que tenho sofrido a angústia das pequenas coisas ridículas,
Eu verifico que não tenho par nisto tudo neste mundo.

Ettore e Andromaca (1917), de De Chirico.

Toda a gente que eu conheço e que fala comigo
Nunca teve um ato ridículo, nunca sofreu enxovalho,
Nunca foi senão príncipe — todos eles príncipes — na vida...
Quem me dera ouvir de alguém a voz humana
Que confessasse não um pecado, mas uma **infâmia**;
Que contasse, não uma violência, mas uma cobardia!
Não, são todos o Ideal, se os oiço e me falam.
Quem há neste largo mundo que me confesse que uma vez foi vil?
Ó príncipes, meus irmãos,

Arre, estou farto de semideuses!
Onde é que há gente no mundo?
Então sou só eu que é vil e errôneo nesta terra?
Poderão as mulheres não os terem amado,
Podem ter sido traídos — mas ridículos nunca!
E eu, que tenho sido ridículo sem ter sido traído,
Como posso eu falar com os meus superiores sem **titubear**?
Eu, que tenho sido vil, literalmente vil,
Vil no sentido mesquinho e infame da vileza.

(*Obra poética*. Rio de Janeiro: Aguilar, 1965. p. 418-419.)

QUEM É FERNANDO PESSOA?

Fernando Pessoa (1888-1935) é um dos maiores escritores em língua portuguesa.

Além de criador de importantes obras literárias, ele foi criador de escritores, chamados heterônimos. Tratava-se de entidades poéticas com biografia, traços físicos, profissões, ideologia e estilo próprios. Dentre eles, destacam-se Alberto Caeiro, Ricardo Reis e Álvaro de Campos.

O "Poema em linha reta" é atribuído ao heterônimo Álvaro de Campos, poeta marcado pela impulsividade, pela irreverência e, ao mesmo tempo, pela melancolia.

arrogante: aquele que se supõe melhor que os outros; presunçoso.
enxovalho: injúria, insulto.
infâmia: perda da honra; descrédito.
reles: ordinário, insignificante, grosseiro.
titubear: vacilar, hesitar, ficar em estado de incerteza.
vil: de pouco valor, ordinário.

1 ▪ Já no início, o poema estabelece uma clara oposição entre:

a) a rigidez dos valores sociais e a inadaptação das pessoas a eles.

b) a perfeição de algumas pessoas, como os príncipes, e o comportamento vulgar das pessoas mais simples.

c) comportamentos e valores do eu lírico, por um lado, e supostos comportamentos e valores das demais pessoas, por outro.

d) o fracasso social de alguns, por um lado, e o sucesso profissional das demais pessoas, por outro.

2. Observe alguns dos adjetivos empregados pelo eu lírico para caracterizar a si próprio:

> reles — vil — parasita — sujo — ridículo — absurdo
> grotesco — mesquinho — submisso — arrogante

a) Deduza: Como o eu lírico se vê?

b) Compare esses adjetivos. Eles são sinônimos ou são antônimos? O que isso revela sobre o eu lírico?

c) Levante hipóteses: Por que o eu lírico emprega tantos adjetivos para caracterizar a si mesmo? Justifique sua resposta com elementos do texto.

3. Qual característica do eu lírico se depreende dos versos a seguir?

> "Eu, que, quando a hora do soco surgiu, me tenho agachado
> Para fora da possibilidade do soco;"

4. Releia estes versos:

> • "Quem me dera ouvir de alguém a voz humana"
> • "Arre, estou farto de semideuses!"
> • "Onde é que há gente no mundo?"

a) De acordo com a visão do eu lírico, o que caracteriza **gente**, isto é, o ser humano em geral?

b) Interprete: Ao atribuir às outras pessoas a condição de semideuses, o eu lírico está sendo verdadeiro ou irônico? Explique.

c) Como o eu lírico se sente ao constatar que só ele se considera imperfeito no mundo?

5. Considere o verso:

> "Que tenho enrolado os pés publicamente nos tapetes das etiquetas,"

O que o eu lírico pensa e como age em relação às "etiquetas", isto é, às regras e convenções sociais?

6. O tema do poema é:

a) a fraqueza humana.

b) a hipocrisia social.

c) a disputa social.

d) as diferenças sociais.

O enigma de um dia (1914), de De Chirico, obra que pertence ao Museu de Arte de São Paulo (Masp).

7. O título do texto é "Poema em linha reta". Levante hipóteses, troque ideias com os colegas e justifique esse título.

_____
_____
_____
_____
_____
_____
_____
_____

8. O verso inicial do poema é "Nunca conheci quem tivesse levado porrada". O poema pode ser considerado um soco naqueles que agem de modo hipócrita? Por quê?

_____
_____
_____
_____
_____
_____
_____

9. Nas suas relações pessoais e sociais, presenciais ou pelas redes sociais, você já teve a sensação de ser o único que tem fragilidades e imperfeições enquanto as outras pessoas parecem perfeitas? Se sim, comente com os colegas.

Palavras em contexto

1 Observe estes versos do poema:

> "E eu, tantas vezes reles, tantas vezes porco, tantas vezes vil,
> Eu tantas vezes irrespondivelmente parasita,
> Indesculpavelmente sujo,
> Eu, que tantas vezes não tenho tido paciência para tomar banho,
> Eu, que tantas vezes tenho sido ridículo, absurdo,"

O que justifica a repetição da expressão **tantas vezes** no contexto do poema?

_____
_____
_____
_____
_____

2 Observe o emprego da expressão destacada neste verso: "**Toda a** gente que eu conheço e que fala comigo".

Que mudança de sentido haveria se, em vez de **toda a**, tivesse sido empregada a palavra **toda**?

_____
_____
_____
_____
_____

3 A palavra **arre** é uma interjeição, classe de palavras que expressam emoção, sensação, apelo.

a) Que tipo de emoção essa palavra, presente no verso "Arre, estou farto de semideuses!", expressa no contexto do poema?

_____

b) Que outra palavra poderia, no poema, substituir **arre**, sem mudança de sentido?

_____

Texto e intertexto

Leia este cartum de Quino:

(*Gente*. Lisboa: Dom Quixote, 1991.)

1 O cartum de Quino é dividido em cinco cenas. Observe e compare a primeira e a segunda cenas.

a) Como os personagens da primeira cena são caracterizados?

___

b) Que situação inesperada ocorre na segunda cena?

___

2 Reveja a terceira e a quarta cenas.

a) Do que os personagens reclamam? Que argumentos empregam?

_____
_____

b) O que a reclamação e a argumentação dos personagens revelam sobre os valores e os comportamentos sociais?

_____
_____

c) Há coerência na argumentação de que ter identidade é uma atitude antidemocrática? Por quê?

_____
_____

3 Observe a última cena do cartum e compare-a à primeira cena.

a) Quem vence o conflito iniciado na segunda cena?

_____

b) Pode-se dizer que, no final, as pessoas ficam felizes? Até que ponto?

_____
_____
_____

4 Compare o cartum de Quino ao "Poema em linha reta", de Fernando Pessoa.

a) O que há em comum entre os dois textos?

_____
_____
_____
_____

b) Considerando o desfecho de cada texto, responda: Os personagens principais dos dois textos lidam da mesma forma com a pressão da sociedade quanto aos comportamentos julgados adequados? Justifique sua resposta.

_____
_____
_____
_____

Exercícios

Leia e compare os textos a seguir. Depois, responda às questões 1 a 3.

Texto 1

Além da imaginação

Tem gente passando fome.
E não é a fome que você imagina
entre uma refeição e outra.
Tem gente sentindo frio.
E não é o frio que você imagina
entre o chuveiro e a toalha.
Tem gente muito doente.
E não é a doença que você imagina
entre a receita e a aspirina.
Tem gente sem esperança.
E não é o desalento que você imagina
entre o pesadelo e o despertar.
Tem gente pelos cantos.
E não são os cantos que você imagina
entre o passeio e a casa.
Tem gente sem dinheiro.
E não é a falta que você imagina
entre o presente e a mesada.
Tem gente pedindo ajuda.
E não é aquela que você imagina
entre a escola e a novela.
Tem gente que existe e parece
imaginação.

(Ulisses Tavares. *Viva a poesia viva*. 6. ed. São Paulo: Saraiva, 2003. p. 57.)

Texto 2

▶ *A mendiga* (1899), de Almeida Júnior.

1. No texto 1, o eu lírico se dirige a um interlocutor que ele supõe ser:

a) experiente quanto às dificuldades da vida.

b) inexperiente quanto às reais dificuldades da vida.

c) alguém que está aprendendo a conhecer algumas dificuldades da vida.

d) alguém que nunca vai conhecer as reais dificuldades da vida.

2. Tanto o texto 1 quanto o texto 2 têm como tema:

a) a velhice.

b) a fome.

c) a precariedade da condição humana.

d) a falta de recursos econômicos.

3. Na comparação entre os dois textos, é correto afirmar que a senhora retratada na pintura:

a) não se enquadra na descrição do poema, pois provavelmente tem família.

b) se enquadra na descrição do poema, porém parcialmente, porque aparenta ter esperança.

c) se enquadra na descrição do poema, com o agravante de ser idosa.

d) se enquadra na descrição do poema, porém parcialmente, pois não aparenta pedir ajuda.

Os dois textos a seguir foram publicados no mesmo dia e no mesmo jornal, com a finalidade de apresentar aos leitores diferentes pontos de vista a respeito da volta às aulas presenciais no contexto da pandemia da covid-19, que parou o mundo em 2020 e 2021. Leia-os e responda às questões 4 a 14.

Texto 1

Há condições seguras para a retomada das aulas presenciais na cidade de São Paulo? SIM

Com eleição à frente, políticos agem com descaso e insistem em negar a ciência

Benjamin Ribeiro da Silva

Professor e presidente do Sindicato dos Estabelecimentos de Ensino do Estado de São Paulo (Sieeesp)

As escolas particulares de educação básica do estado de São Paulo vêm se preparando há meses, segundo as normas da OMS, das autoridades de saúde e de educação, e estão prontas para voltar. Além disso, vêm sendo orientadas a seguir também o protocolo do Sieeesp, elaborado por médicos, especialistas e técnicos, com o objetivo de um retorno com segurança para todos.

A OMS já afirmou que as escolas não são o motor principal de transmissão da Covid-19. O ECDC, centro de prevenção de doenças europeu, declarou que as escolas são essenciais na vida das crianças e que nos países onde houve reabertura "não se registrou aumento nos contágios". Unicef e Unesco declararam que colégios só devem ficar fechados como último recurso. [...]

O estudo "Covid-19 e a reabertura das escolas" identifica a experiência bem-sucedida em mais de 15 países. O retorno "não alterou a curva da doença e não houve surto causado pela reabertura: e isso é muito importante. Não é opinião, são fatos", diz o médico Fabio Jung, um dos coordenadores. Na Dinamarca, a volta ocorreu 30 dias após o início da pandemia, próximo do pico da curva de contágio. [...]

No mundo inteiro a pandemia colapsou a saúde. No Brasil, colapsou a educação.

(Disponível em: https://www1.folha.uol.com.br/opiniao/2020/09/ha-condicoes-seguras-para-a-retomada-das-aulas-presenciais-na-cidade-de-sao-paulo-sim.shtml. Acesso em: 27/3/2021.)

Texto 2

Há condições seguras para a retomada das aulas presenciais na cidade de São Paulo? NÃO

Continuamos sob perigo e não sabemos como evitar contatos e aglomerações

Celso Napolitano

Professor e presidente da Federação dos Professores do Estado de São Paulo (Fepesp)

Todos os argumentos a favor da volta apressada às aulas presenciais obedecem a interesses políticos e financeiros. Na verdade, as escolas estão ansiosas por garantir rematrículas, e os prefeitos estão de olho nas eleições. Um e outro, com pretensas razões pedagógicas e emocionais, procuram escamotear a questão mais importante — a única questão, em se tratando desta pandemia de um vírus letal e contra o qual ainda não há cura ou vacina —, que é a saúde, a preservação da vida. [...]

Os argumentos que contrapõem a abertura de lojas, academias e salões de beleza ao fechamento das escolas foram fragorosamente derrotados pelo reconhecido e respeitável biólogo Atila Iamarino, que em artigo recente declarou que "escola fechada é sinal de que o resto não deveria estar aberto".

Um fato é incontestável: ainda não estamos fora de perigo. Longe disso, infelizmente. Não bastam termômetros digitais, tapetes sanitários nas portas das escolas, totens de álcool em gel ou máscaras trocadas a cada duas horas. O risco maior reside no contato pessoal entre os colegas e nas aglomerações nos pátios. Para minimizar esses fatores, imaginou-se impor um rodízio de alunos, com a redução do número de estudantes a 20% do total. Ora, é aí que cai por terra o argumento da necessidade premente do retorno às aulas presenciais. [...]

Todos queremos a volta à escola, mas sem açodamento e sem que fatores **exógenos** induzam a decisão das autoridades — de modo que "todos, professores, alunos, funcionários, se sintam seguros e saibam o seu papel para evitar o contágio dentro da escola", conforme disse Florence Bauer, representante da Unicef no Brasil [...]. Vamos ouvir os especialistas e entender que ninguém pode ser obrigado a se expor à contaminação.

(Disponível em: https://www1.folha.uol.com.br/opiniao/2020/09/ha-condicoes-seguras-para-a-retomada-das-aulas-presenciais-na-cidade-de-sao-paulo-nao.shtml. Acesso em: 27/3/2021.)

exógeno: o que vem de fora.

4. O tema central dos dois textos é:

a) a contaminação de alunos e professores pela covid-19.

b) a volta às aulas presenciais nas escolas, em plena pandemia.

c) cuidados com a higiene nas escolas para evitar o contágio do vírus.

d) a comparação entre o contágio no Brasil e em outros países.

5. Marque os principais argumentos empregados no texto 1 para que as escolas retomem as aulas presenciais.

( ) As escolas seguirão os protocolos médicos de segurança indicados pela OMS, por médicos, especialistas e técnicos.

( ) A Unicef e a Unesco declararam que colégios só devem ficar fechados como último recurso.

( ) A pandemia colapsou a educação.

( ) As escolas não são o principal meio de transmissão, conforme se verificou nos países onde houve reabertura e não se registrou aumento nos contágios.

( ) Na Dinamarca, a volta ocorreu 30 dias após o início da pandemia, próximo do pico da curva de contágio.

6. Marque os principais argumentos empregados no texto 2 defendendo a tese de que as escolas não retomem as aulas presenciais.

( ) Impor um rodízio de alunos, com a redução do número de estudantes a 20% do total e fechamento de lojas, academias e salões de beleza.

( ) Ouvir os especialistas e entender como se transmite o vírus.

(　) A volta às aulas obedece a interesses políticos e financeiros apenas.

(　) O vírus é letal e não há cura.

(　) É preciso entender o colapso da saúde e da educação no Brasil.

(　) Medidas de higiene são paliativas e não garantem a não transmissão.

(　) Professores, alunos e funcionários não se sentem seguros e não podem ser obrigados a se expor à contaminação.

Releia este trecho do texto 2:

> "O risco maior reside no contato pessoal entre os colegas e nas aglomerações nos pátios. Para minimizar esses fatores, imaginou-se impor um rodízio de alunos, com a redução do número de estudantes a 20% do total. Ora, é aí que cai por terra o argumento da necessidade premente do retorno às aulas presenciais."

7. A expressão **minimizar esses fatores** refere-se:

a) ao vírus letal para o qual ainda não havia cura ou vacina.

b) a professores, alunos e funcionários seguros de como evitar o contágio dentro da escola.

c) ao contato pessoal entre os colegas e aglomerações no pátio.

d) à necessidade premente do retorno às aulas presenciais.

8. A expressão **cai por terra** significa que o argumento foi:

a) supervalorizado.

b) plantado.

c) derrotado.

d) intimidado.

9. Em relação ao trecho "Ora, é aí que cai por terra o argumento da necessidade premente do retorno às aulas presenciais", a contradição que o autor do texto 2 vê nessa decisão do governo é:

a) se a necessidade é tão premente, por que então apenas uma pequena parte deve voltar?

b) se a necessidade é premente, por que não criar as condições ideais de segurança nas escolas para que haja o retorno?

c) mais premente do que o retorno à escola é a saúde e a segurança dos professores.

d) o governo querer que todos os alunos voltem de uma vez.

10. O autor do texto 2 inicia sua argumentação tentando desvendar as "reais" causas de as escolas particulares e as autoridades governamentais desejarem o retorno das aulas presenciais. Segundo ele, as causas são:

   a) as crianças e os jovens têm baixa transmissão do vírus; as normas de segurança são eficientes.

   b) garantir matrículas e destacar-se nas eleições, respectivamente.

   c) as escolas estão preparadas; a educação vive um colapso.

   d) as escolas seguirão normas de segurança; as autoridades seguem padrões internacionais.

11. Veja, no início de cada texto, a posição social e profissional que cada um dos locutores ocupa. Com base nesses dados e nas ideias defendidas por eles, é possível concluir que:

   a) ambos têm interesses semelhantes, embora haja divergências em relação às formas de combate ao vírus.

   b) cada um dos autores defende os interesses da entidade que representa: um, o interesse dos donos de escola, e o outro, o interesse dos professores.

   c) embora ambos os autores tenham divergências quanto ao modo de prevenção ao vírus, ambos concordam sobre a importância de regressar à escola.

   d) ambos os autores defendem a volta dos alunos à escola, porém divergem quanto ao momento e quanto ao número de estudantes e de professores.

12. O texto 1 é concluído com as frases "No mundo inteiro a pandemia colapsou a saúde. No Brasil, colapsou a educação". A ideia de a educação viver um **colapso** (derrocada, desmoronamento, ruína) é mais um argumento que procura sensibilizar principalmente:

   a) os donos de escola.

   b) os políticos que definem as políticas de saúde e educação.

   c) as famílias.

   d) os educadores e a opinião pública em geral.

13. As escolhas lexicais de um texto não são aleatórias. No trecho "imaginou-se impor um rodízio de alunos", o autor do texto 2 empregou o verbo **impor**, que sugere:

   a) propor algo com que todos concordem.

   b) autorizar algo para que todos cumpram sem contestar.

   c) imprimir autoridade sem contestação da minoria.

   d) uma determinação autoritária.

14. Os dois textos citam pronunciamentos de especialistas e autoridades em saúde. Essas citações cumprem o papel de:

   a) enriquecer o texto do ponto de vista científico.

   b) trazer para o debate todas as vozes dos cientistas, para que se possa tomar uma decisão consciente.

c) legitimar, com argumento de autoridade, a tese que vem sendo defendida.

d) valorizar o trabalho dos profissionais de saúde no combate à pandemia.

Leia o texto abaixo e responda às questões 15 a 19.

Eu tenho um sonho

Eu tenho um sonho
lutar pelos direitos dos homens
Eu tenho um sonho
tornar nosso mundo verde e limpinho
5 Eu tenho um sonho
de boa educação para as crianças
Eu tenho um sonho
de voar livre como um passarinho

Eu tenho um sonho
10 ter amigos de todas raças
Eu tenho um sonho
que o mundo viva em paz
e em parte alguma haja guerra
Eu tenho um sonho

15 Acabar com a pobreza na Terra
Eu tenho um sonho
Eu tenho um monte de sonhos...
Quero que todos se realizem
Mas como?
20 Marchemos de mãos dadas
e ombro a ombro
Para que os sonhos de todos
se realizem!

(Urjana Shrestha. *In: Jovens do mundo inteiro.* — Todos temos direitos: um livro de direitos humanos. 4. ed. São Paulo: Ática, 2000. p. 10.)

15 ▸ No verso 18, lemos "Quero que **todos** se realizem" e, nos versos 22/23, lemos "Para que os sonhos de **todos** / se realizem!". O termo destacado refere-se, respectivamente, a:

a) amigos e sonhos.

b) direitos e pessoas.

c) homens e sonhos.

d) sonhos e pessoas.

16. O(s) verso(s) que propõe(m) uma solução para realizar os sonhos é (são):
a) "ter amigos de todas raças".
b) "Marchemos de mãos dadas e ombro a ombro".
c) "tornar nosso mundo verde e limpinho".
d) "Acabar com a pobreza na Terra".

17. Infere-se no poema a presença de:
a) opiniões contrárias à perspectiva de mudança social.
b) valores sociais ultrapassados e inalcançáveis para os dias atuais.
c) valores sociais, culturais e humanos.
d) diferentes visões sobre sonhos.

18. A repetição do verso "Eu tenho um sonho":
a) busca a quebra de expectativa do leitor.
b) enfatiza o desejo do eu lírico.
c) compromete a musicalidade e o ritmo do poema.
d) torna o poema repetitivo, sem criatividade.

19. A frase "Marchemos de mãos dadas e ombro a ombro" apresenta uma figura de linguagem:
a) a personificação da vida.
b) a comparação com desfiles militares.
c) a metáfora da união e da força coletiva.
d) uma ironia em relação a sonhos por um mundo melhor.

Leia o texto a seguir e responda às questões 20 a 22.

Quem pode pedir o Documento do Estudante?

Todo estudante, de ensino presencial ou a distância, tem direito ao Documento do Estudante. Você só precisa estar regularmente matriculado em uma destas modalidades de ensino: Infantil, Fundamental, Médio e Técnico, Cursos de graduação, Especialização, Mestrado e Doutorado.

Atenção!

Não se encaixam no Título V da Lei nº 9.394/1996 os estudantes de curso livre, pré-vestibular e idiomas.

Qual a validade do Documento do Estudante?

Você tem tempo de sobra para aproveitar o seu Documento do Estudante: a validade é até o dia 31 de março do ano seguinte da emissão, de acordo com o 6º parágrafo do artigo 1º da Lei nº 12.933/2013.

Ou seja, se você solicitar o seu Documento hoje receberá a Carteira de Estudante válida até 31/03/2022.

Como faço o desbloqueio do meu Documento do Estudante?

Simples, prático e fácil:

1. Faça o login aqui utilizando e-mail e senha cadastrados;
2. Em 'Minha solicitação', procure o menu 'Solicitações' que fica no alto da tela e escolha a opção 'Desbloqueio de Documento';
3. No campo indicado comece a digitar o 'Código de Uso' localizado na faixa amarela de seu Documento, logo abaixo de seus dados;
4. Nas opções que são exibidas escolha o código correspondente ao que consta em seu Documento;
5. Agora, clique no botão [Desbloquear].

Dica

Todas as letras devem ser digitadas em maiúsculo e não pode ter o traço "-". Ah, e tome cuidado para não confundir a letra 'O' com o número '0'.

Qual o preço do Documento do Estudante e como posso pagar?

O Documento do Estudante possui um custo de confecção de R$ 35,00 mais o valor correspondente ao frete.

O pagamento pode ser feito por cartão de crédito ou boleto bancário logo após o envio de sua documentação e confirmação dos dados cadastrados.

O prazo para confirmação de pagamento realizado com boleto bancário é de até 5 (cinco) dias úteis.

A confirmação de pagamento realizado com cartão de crédito é imediata.

(Disponível em: https://ubes.org.br/carteira-de-estudante-ubes/. Acesso em: 27/3/2021.)

20. O Documento do Estudante é cedido pela União Brasileira de Estudantes Secundários (Ubes). Tem direito ao documento:

a) o aluno de cursos livres presenciais ou a distância.

b) apenas o aluno de escola técnica.

c) todo estudante, de ensino presencial ou a distância, exceto alunos de curso livre, idiomas e pré-vestibular.

d) o estudante de curso de graduação e pós-graduação.

21. A solicitação do documento é realizada:

a) no *site* da Ubes, de forma *on-line*.

b) em agência bancária para efetuar o pagamento.

c) apenas de forma presencial, em postos da Ubes.

d) em escolas particulares e públicas.

22. A finalidade do texto "Como solicitar o seu Documento do Estudante" é:

a) descrever o trabalho de documentação, realizado pela Ubes.

b) tecer comentários sobre o direito do estudante.

c) desbloquear documentos estudantis.

d) orientar e instruir o estudante sobre como adquirir o documento da Ubes.

Bibliografia

ANTUNES, Irandé. *Aula de português*: encontro & interação. São Paulo: Parábola, 2003.

BAKHTIN, Mikhail. *Estética da criação verbal*. São Paulo: Martins Fontes, 1997.

BRASIL. Ministério da Educação. Secretaria de Educação Básica. União Nacional dos Dirigentes Municipais da Educação. Conselho Nacional de Secretarias de Educação. *Base Nacional Comum Curricular*. Versão final. Dezembro de 2018. Disponível em: http://basenacionalcomum.mec.gov.br/images/BNCC_EI_EF_110518_versaofinal_site.pdf.

BRASIL. Secretaria de Educação Básica. *PDE/Plano de Desenvolvimento da Educação*: Prova Brasil – ensino fundamental: matrizes de referência, tópicos e descritores. Brasília: MEC/SEB/Inep, 2008.

COLL, César; MARTÍN, Elena. *Aprender conteúdos & desenvolver capacidades*. Porto Alegre: Artmed, 2004.

CORACINI, Maria José (org.). *O jogo discursivo na aula de leitura*. Campinas: Pontes, 1995.

COSCARELLI, Carla Viana (org.). *Tecnologias para aprender*. São Paulo: Parábola, 2016.

COSCARELLI, Carla Viana; RIBEIRO, Ana Elisa (org.). *Letramento digital*: aspectos sociais e possibilidades pedagógicas. 3. ed. Belo Horizonte: Ceale: Autêntica, 2011.

COSTA VAL, Maria da Graça. *Redação e textualidade*. São Paulo: Martins Fontes, 1994.

ILARI, Rodolfo. *Introdução à semântica*: brincando com a gramática. São Paulo: Contexto, 2001.

KLEIMAN, Angela. *Leitura*: ensino e pesquisa. Campinas: Pontes, 1989.

KLEIMAN, Angela. *Texto & leitor*. Campinas: Pontes, 1995.

KLEIMAN, Angela; MORAES, Silvia E. *Leitura e interdisciplinaridade*. Campinas: Mercado de Letras, 1999.

KOCH, Ingedore G. V. *A coerência textual*. São Paulo: Contexto, 1991.

KOCH, Ingedore G. V.; BENTES, Anna Christina; CAVALCANTE, Mônica Magalhães. *Intertextualidade*: diálogos possíveis. São Paulo: Cortez, 2007.

KOCH, Ingedore G. V.; TRAVAGLIA, Luiz C. *Texto e coerência*. 4. ed. São Paulo: Cortez, 1995.

MACEDO, Lino de; ASSIS, Bernadete A. (org.). *Psicanálise & pedagogia*. São Paulo: Casa do Psicólogo, 2002.

MACHADO, Nílson José; MACEDO, Lino de; ARANTES, Valéria Amorim. *Jogo e projeto*. São Paulo: Summus, 2006.

MARTINS, Maria Helena. *O que é leitura*. São Paulo: Brasiliense, 2004.

PERRENOUD, Philippe. *Construir as competências desde a escola*. Porto Alegre: Artmed, 1999.

ROJO, Roxane; MOURA, Eduardo (org.). *Multiletramento na escola*. São Paulo: Parábola, 2012.

SCHNEUWLY, Bernard; DOLZ, Joaquim. *Os gêneros orais e escritos na escola*. Tradução e organização de Roxane Rojo e Glaís Cordeiro. Campinas: Mercado de Letras, 2004.

SOLÉ, Isabel. *Estratégias de leitura*. Porto Alegre: Artmed, 1998.

ZILBERMAN, Regina da Silva (org.). *Leitura*: perspectivas interdisciplinares. São Paulo: Ática, 1999.